A chacun sa France

American University Studies

Series II
Romance Languages and Literature
Vol. 129

PETER LANG
New York • Bern • Frankfurt am Main • Paris

Nadine Dormoy
Liliane Lazar

A chacun sa France

Une certaine idée de l'Homme

PETER LANG
New York • Bern • Frankfurt am Main • Paris

Library of Congress Cataloging-in-Publication Data

Dormoy-Savage, Nadine.
  A chacun sa France : une certaine idée de l'homme /
Nadine Dormoy, Liliane Lazar.
     p. cm. − (American university studies. Series II,
Romance languages and literature ; vol. 129)
     Interviews with ten French intellectuals.
     1. Intellectuals−Interviews. 2. Intellectuals−
France−Interviews. 3. France−Intellectual life−20th
century. 4. Civilization, Modern−French influence.
I. Lazar, Liliane. II. Title. III. Series.
CT3990.A2D67   1990   944.083−dc20   89-14545
ISBN 0-8204-1155-8   CIP
ISSN 0740-9257

CIP-Titelaufnahme der Deutschen Bibliothek

Dormoy, Nadine:
A chacun sa France : une certaine idée de
l'homme / Nadine Dormoy; Liliane Lazar. −
New York; Bern; Frankfurt am Main; Paris:
Lang, 1990.
  (American University Studies: Ser. 2, Romance
  Languages and Literature; Vol. 129)
  ISBN 0-8204-1155-8

NE: Lazar, Liliane:; American University Studies
/ 02

© Peter Lang Publishing, Inc., New York 1990

Printed by Weihert-Druck GmbH, Darmstadt, West Germany

Table des matières

Introduction

De rencontres et de conversations avec quelques-uns des esprits les plus originaux de notre temps est né le projet d'effectuer, à travers ces dix entretiens, une sorte de tour de France intellectuel. Nous avons fait carrière dans l'enseignement de la civilisation française à des étudiants fort éloignés, par la géographie et la culture, de nos références habituelles. Nous avons donc dû prendre par rapport à elles un nécessaire recul. Du même coup, elles n'étaient plus pour nous un héritage qui va de soi mais objet d'étonnement, questionnement quotidien, source de méditation.

C'est en abordant la culture française sous des angles qui étaient imprévisibles au départ que nous avons été amenées, au contact d'un auditoire à la fois parfaitement novice et extrêmement exigeant, à cerner un peu de cet impondérable à quoi l'on reconnaît la tournure d'esprit française. Jean-Louis Barrault, qui pendant si longtemps donna vie, à travers le monde, aux chefs d'oeuvre de notre théâtre, nous a confortées dans une certitude: "la culture française, c'est-à-dire le tour d'esprit français, est une propriété internationale". C'est dire que sa vitalité est l'un des baromètres de l'état du monde occidental en cette fin de siècle et de millénaire.

Que peuvent avoir en commun Roland Barthes, Simone de Beauvoir, Elie Wiesel, Léopold Senghor, Edgar Morin et les autres? Notre choix est évidemment l'expression conjuguée d'une situation et d'une sensibilité. Il est nécessairement incomplet, subjectif, paradoxal. Mais une destinée commune peut se lire en filigrane. Outre leur rayonnement international, outre leur attachement passionné à la langue française, langue maternelle ou langue acquise, ils ont œuvré pour s'affranchir, et nous affranchir d'un certain nombre d'idées reçues. "On appelle contre nature ce qui est contre la coutume", disait déjà Montaigne. Nos interlocuteurs en ont fait la démonstration, chacun à sa manière. Solitaires mais solidaires, nomades de l'intelligence, briseurs de barrières et de tabous, chacun a cherché hors norme sa raison et sa façon d'être et d'écrire. De leurs démarches inédites, de leurs propos inattendus, de leurs interrogations éthiques et esthétiques se dégagent une dynamique des contrastes, une certaine idée de l'homme futur.

On a souvent dit que la France était un laboratoire où se sont élaborées siècle après siècle, sur fond de grisaille bourgeoise et casanière, de nouvelles visions du monde. Les Français, ces êtres toujours imprévisibles vus de l'étranger, à peine sortis des célébrations du Bicentenaire de leur grande Révolution, en sont déjà à une nouvelle étape, tout aussi révolutionnaire, de leur histoire : l'Acte Unique Européen de 1993. Sont-ils encore capables de maîtriser leur destin? Ne seraient-ils plus que les témoins lucides, mais passifs, de forces qui les dépassent? Nous avons eu le bonheur de rencontrer quelques êtres privilégiés qui ont su modeler, voire transformer notre manière de regarder nos semblables. Ils ont travaillé sous le signe du temps, du langage et de la liberté et nous ont ouvert de nouveaux horizons. Or, s'exprimer en français, c'est donner à ces trois impératifs catégoriques de notre époque une dimension, une coloration particulières.

Pour Roland Barthes, "nous avons à découvrir le langage comme nous sommes en train de découvrir l'espace. Notre siècle sera peut-être marqué de ces deux explorations". S'il parle d'"impasse" à propos de l'écriture, de "fascisme" à propos du langage, c'est que celui-ci nous ramène sans cesse à nos propres limites. La liberté n'est possible qu'au delà de certains mythes. Comment réconcilier notre passion pour la liberté et notre passion pour le langage? Il répond : par la littérature, car "la science est grossière, la vie est subtile, et c'est pour corriger cette distance que la littérature nous importe". Nous ajouterons : que Roland Barthes nous importe.

Les rapports passionnels des Français avec la liberté, le temps et le langage débouchent tout naturellement sur l'histoire et sur la politique. Si la Révolution Française a été un épisode de l'histoire du monde, la République Française, en revanche, a été un long dialogue des Français avec eux-mêmes, une somme de souvenirs, de traumatismes, de fantasmes et de controverses franco-françaises. Ainsi le Bicentenaire de 1789 marque-t-il non seulement la victoire finale de l'esprit républicain, démocratique et laïc, mais aussi un profond bouleversement des mentalités que relèvent tous les sociologues. On a pu dire que le 14 juillet 1989, la Révolution était terminée. Ce pays majoritairement conservateur venait de confirmer, par une réélection sans précédent son choix d'un président socialiste. Ce pays de tradition catholique voyait les trois postes les plus importants du gouvernement occupés par des protestants: le Premier Ministre, le Ministre de l'Intérieur, le Ministre de l'Education Nationale*. Au Parlement Européen, Socialistes, Libéraux et Ecologistes rejoignent leurs homologues de la Communauté des Douze. Les commentateurs ont pu noter, avec satisfaction ou regret, que la France était en train de devenir "un pays comme les autres".

Quoi qu'il en soit, c'est à ce lent mûrissement de la pratique républicaine que Maurice Agulhon a consacré tous ses travaux. Si 1789, 1830, 1848, 1871, 1936, 1958, 1968 ont été des dates spectaculaires, une évolution en profondeur, l'influence d'autres peuples et d'autres cultures n'ont cessé de modifier le visage de Marianne. L'auteur de **Marianne au Combat: l'imagerie et la symbolique républicaine de 1789 à 1880**, *résume ainsi les quatre-vingt-dix années qui ont été nécessaires à l'avènement final de la République : "La*

---

* Il s'agit respectivement de Michel Rocard, Pierre Joxe et Lionel Jospin, François Mitterrand étant Président de la République.

République a été à la fois une souveraineté nouvelle contre des monarques réels, une religiosité virtuelle contre la religion établie et une force populaire contre les dominants sociaux".

Alain Decaux, quant à lui, met sa réputation et sa popularité de conteur sans pareil au service du plus grand nombre comme écrivain, académicien, ministre. Maintenir vivante l'histoire de France qui devient l'affaire de tous, passionnante pour tous, ne peut être séparé de la tâche de maintenir vivante la langue française, c'est-à-dire la présence du tour d'esprit français à travers le monde. Son rôle principal est donc aujourd'hui Ministre Délégué à la Francophonie. Fort des quarante-trois pays qui forment actuellement la communauté francophone, il veille à ce que les valeurs que véhicule cette langue et que Léopold Senghor appelle si joliment la **francité**, se manifestent par une solidarité entre les pays les plus divers, dans le respect des différences. L'immense défi que représente la sauvegarde et le rayonnement du français, élément de différenciation dans un monde de plus en plus indifférencié ne lui fait pas peur. C'est un homme d'action autant que de plume.

La violence déchaînée à travers le monde comme les haines souterraines entre voisins témoignent d'une agressivité sans cesse à fleur de peau dans notre vingtième siècle avancé. Est-ce une loi naturelle, une loi divine, la fatalité? René Girard a démythifié toutes les idées reçues sur ce sujet en montrant les liens qui unissent **la violence et le sacré**. Ce littéraire est surtout un philosophe qui pratique l'anthropologie. Cet ancien chartiste est aussi un critique littéraire qui enseigne la Bible. Cet original est surtout inclassable. Universitaire chevronné et autodidacte infatigable (il écrit sur Shakespeare et étudie les textes sacrés de l'Orient), il parle de Freud, de Nietzsche, de Platon et de Sartre d'un même élan. Il assène des vérités à la fois très anciennes et très neuves, aux conséquences incalculables, sans aucun souci de la mode: "la vie totale du monde et notre vie personnelle deviennent une seule et même chose..." car, face au **désir mimétique** généralisé, "la maîtrise de soi n'a jamais été aussi nécessaire".

Tandis que René Girard s'est fixé en Californie, Jean-Marie Gustave Le Clézio vit le plus souvent au Mexique. Lui aussi observe à distance les moeurs hexagonales; pour lui, la réalité quotidienne rejoint l'intemporel, la méditation rejoint la fiction. Ses romans et ses nouvelles parlent à la fois de la jeunesse et de la nuit des temps. Ce chercheur d'or imaginaire scrute le passé dans des lieux secrets et exotiques, se reconnaît dans la race antique des aventuriers et des explorateurs comme dans le regard d'un adolescent. La parole est aux solitaires, aux naïfs, aux enfants de la nature, à la fois irréductibles et menacés. Ici le temps est espace et "l'écriture est la seule forme parfaite du temps".

Les vastes horizons d'Afrique et d'Amérique ont toujours fait rêver les Européens, les Français en particulier. Mais c'est à un dépaysement plus en profondeur que nous initie Léopold Sedar Senghor. Sa double appartenance culturelle, son rôle de porte-parole d'une humanité qu'il souhaite réconciliée et complémentaire, il les exprime en remontant aux sources des griots, en chantant en vers français incomparables la Femme Noire, la Savane et les Masques."Il m'a suffi, dit-il, de nommer les êtres et les éléments de mon univers enfantin pour prophétiser la Cité de Demain".

L'étudiant sénégalais et une certaine "jeune fille rangée" faisaient, chacun à sa manière, scandale sur les bancs de l'Université dans les années trente. Aujourd'hui, on ne parle ni de Négritude ni du Droit des Femmes sans évoquer à la fois Senghor et Simone de Beauvoir. **Négritude et Humanisme** *et* **Le Deuxième Sexe** *ont changé notre définition de la démocratie et des Droits de l'Homme. Beauvoir et Senghor appartiennent à l'histoire, ils sont notre passé récent qui pourtant paraît si lointain, tant nous avons changé, grâce à eux. Qu'est-ce qu'être Noir? Qu'est-ce qu'être Femme? L'analyser en français, c'est toujours s'appuyer sur l'histoire, sur la syntaxe et sur l'esprit critique.*

Cléo qui n'a que "de cinq à sept", Mona "sans toit ni loi", "Jane B." qui ne sait que faire de sa célébrité..* femmes du vingtième siècle, femmes de Paris, de province et d'ailleurs... femmes déboussolées, femmes vulnérables, femmes solitaires. C'est Agnès Varda qui pose ce regard sans faiblesse et sans compromis, et pourtant plein d'indulgence et de complicité, sur ces modestes, modernes héroïnes. Où donc est le bonheur, pour une femme, en cette fin de siècle, cette fin de cycle? Liberté sans sécurité, sécurité sans liberté, l'égalité est-elle acquise? Est-elle suffisante? Alain Decaux, déjà, avait répondu "non". Agnès Varda appartient à la génération du doute, de l'interrogation, de l'angoisse. Nous lui devons l'une des oeuvres cinématographiques "d'auteur" les plus originales, les plus esthétiques, les plus fines du cinéma français. Oeuvres très personnelles, ses films resteront des témoins méticuleux de notre fragile existence : parole et image, image et durée. Agnès Varda est peintre et poète, elle a l'art de capter l'appétit de vivre, le poids de la liberté, l'instant fugitif du bonheur.

Comment réagir contre la destruction qui nous menace tous, tant que nous sommes, lorsqu'il n'est plus question de la mort simple, celle que la nature nous impose et nous apprend à accepter, mais de celle que l'humanité fait peser sur elle-même, et qui promet d'être des plus atroces? C'est le Prix Nobel de la Paix, c'est Elie Wiesel que hante cette question. Il est partagé entre le fatalisme et la passion de surmonter la folie des hommes, leurs guerres, leurs haines, leur besoin d'autodestruction. Il ne cache pas son pessimisme. Les hommes d'aujourd'hui ne sont pas meilleurs que leurs ancêtres, mais beaucoup plus dangereux. Qu'avons-nous de plus qu'eux? Elie Wiesel répond simplement: la mémoire. "Il vaut mieux avoir une mémoire sans imagination qu'une imagination sans mémoire", affirme-t-il. Dans ses romans, écrits en français, le choix des mots, le goût des mots sont le seul espace de jouissance, de liberté, face au poids de l'histoire.

---

* Références à *Cléo de cinq à sept* (1962), *Sans toit ni loi* (1986), *Jane B. par Agnès V.* (1988), trois films d'Agnès Varda.

Notre dernier interlocuteur, Edgar Morin, est moins sombre. S'il a choisi, après avoir sondé les éléments biologiques, psychologiques et mythiques de la nature humaine, de penser l'Europe, *c'est parce qu'il est arrivé à la conclusion qu'elle est* "une vieille chose" *qui mérite qu'on se penche sur elle, qu'on la soigne, qu'on développe en elle le goût d'une nouvelle Renaissance.* Pourquoi? *Parce qu'elle seule en Occident, peut puiser dans son passé plusieurs fois millénaire une continuité, un mécanisme naturel de renouvellement nécessaire au vingt-et-unième siècle; car l'être humain y sera fragile, "paradoxal, aléatoire, hypercomplexe". L'Europe s'est toujours enrichie et fortifiée de ses contrastes, de ses contradictions. Elle possède l'art séculaire de renaître de ses cendres. L'auteur de* **Pour sortir du vingtième siècle, à** *la fois sociologue, philosophe, ethnologue, mais surtout transdisciplinaire et transculturel, est bien l'une des voix les plus généreuses, les plus riches de sens et de promesses, les plus inspirées et les plus libres en France aujourd'hui:* "Nous sommes au début de la connaissance, *écrit-il dans le* **Paradigme perdu: la nature humaine,** *nous sommes au début de la conscience... il est tonique de s'arracher à jamais au maître mot qui explique tout, à la litanie qui prétend tout résoudre. Il est tonique de considérer le monde, la vie, l'homme, la connaissance, l'action comme* **systèmes ouverts...** "

Avoir vocation à être à la fois universel et minoritaire, voilà qui définirait assez bien l'artiste, l'intellectuel. S'agissant d'intellectuels de langue française, cela devient une raison d'être. Nos interlocuteurs ont choisi d'explorer leur héritage culturel et linguistique non comme un acquis, mais comme une méthode. Leur démarche porte la marque de l'ouverture au monde, de la lucidité, de la tolérance, d'une certaine idée de l'homme. Chacun, dans sa diversité et sa singularité, chacun unique et indispensable, constitue un fragment bien précis de ce kaléidoscope que l'on nomme modernité. Est-ce du romantisme? Peut-être. Mais ne nous faut-il pas à la fois la mémoire et l'imagination?

1. Roland Barthes

C'était un homme grisonnant à l'allure discrète, au visage immobile, à la voix uniforme, dont le discours se voulait non assersif, non arrogant, non dogmatique, et surtout sans effusion, mais c'était aussi l'un des êtres les plus passionnés qui soient. Passion pour l'écriture, d'abord, mais aussi sensibilité passionnée dans la perception et dans l'analyse, témoins ces *Fragments d'un discours amoureux*, publiés aux éditions du Seuil en 1977.

Roland Barthes était depuis 1962 directeur d'études à l'Ecole des Hautes Etudes pour la "sociologie des signes, symboles et représentations", et il occupait la chaire de sémiologie littéraire créée tout spécialement pour lui au Collège de France. Ce cours attirait chaque semaine des centaines d'auditeurs qui enregistraient soigneusement ses paroles sur des dizaines de cassettes et d'innombrables bloc-notes en provenance de tous les coins du monde. Assister à son cours, même si l'on n'avait pas la chance d'avoir une place assise dans la salle de conférences, même si l'on devait rester assis par terre, ou se contenter de la voix retransmise par haut-parleur dans une salle avoisinante, c'était vivre un moment privilégié dans un espace de clarté où tout était remis en question, et où pourtant tout trouvait sa place dans un vaste panorama qu'il dessinait patiemment, à petites touches successives, comme un artisan modeste et consciencieux.

"La littérature moderne digne de ce nom ne peut être qu'interrogation", avait-il écrit dans ses *Essais critiques*, publiés en 1964. Sa démarche a été un exercice méthodique et individuel de déflation de tous les mythes de notre société. Les idéologies de droite ou de gauche qui sécrètent chacune son langage propre, tout en s'attribuant le monopole de l'objectivité, sont renvoyées dos à dos par Barthes, qui leur a donné un nom: les **idéosphères**. Parmi elles règne l'idéologie dominante, ou **doxa**, qui rêve d'ordre et d'unité, qui confond la nature avec l'usage et qui réduit l'être humain en essence pour l'immobiliser.

C'est par la linguistique, la critique structuraliste et la psychanalyse que Barthes a démontré, tout au long de son oeuvre, le parallèle qui existe entre la position de l'écrivain vis-à-vis du langage et celle de l'être humain en face du monde: "Il y a une impasse de l'écriture, et c'est l'impasse de la société même". La linguistique, pour lui, est donc déjà une philosophie, mais elle ne fait que commencer: "La linguistique entre dans l'aurore de son histoire. Nous avons à découvrir le langage comme nous sommes en train de découvrir l'espace. Notre siècle sera peut-être marqué de ces deux interrogations".

L'illustre auteur des *Mythologies*, dont la rigueur intellectuelle n'avait n'égale que l'absolue simplicité, nous a quittés prématurément, laissant la rue Servandoni, où il habitait, bien vide. Nous avons eu le bonheur de pouvoir l'interroger à la conclusion de son cours au Collège de France, en juin 1978. Il est mort l'année suivante. Depuis, des livres posthumes ont été publiés, reprenant des notes éparses, des articles dispersés dans diverses revues: *le Plaisir du texte* (1982), *le Bruissement de la langue* (1984), *l'Aventure sémiologique* (1985), *Incidents* (1987)*.

L'Obvie et l'obtus, publié aux éditions du Seuil en 1982, est une nouvelle série d'essais critiques qui nous offre le luxe d'une flânerie à

---

* Tous ces ouvrages sont publiés aux éditions du Seuil, ainsi que *Mythologies* (1957); *le Degré zéro de l'écriture* (1953) et *Essais critiques* (1964).

travers des images, des sons, des souvenirs et des rêveries studieuses bien caractéristiques de la "méthode Barthes" à différents moments de sa carrière. Cette flânerie éveille en nous, de par les circonstances de sa publication, d'autres souvenirs, d'autres rêveries studieuses, d'autres nostalgies. La jouissance esthétique est partout présente, même si elle s'accompagne toujours d'interrogation. Le plaisir raffiné que l'on peut éprouver à la lecture de tel texte de Roland Barthes n'est-il pas, d'ailleurs, la jouissance de l'interrogation?

Celui qui a si bien parlé de la mode parle ici superbement de toutes les représentations visuelles, à commencer par la photographie: son esthétisme, ses procédés de connotation, sa **syntaxe**, son rapport au langage. Ainsi est introduite une approche générale de la "rhétorique de l'image", image qui est "re-présentation, c'est-à-dire, en définitive, résurrection". L'auteur remarque en passant que la re-production est justement "l'être de la Modernité".

Mais l'image, c'est aussi le film, et l'art cinématographique par excellence est peut-être, pour lui comme pour beaucoup, celui d'Eisenstein. Il s'agit ici d'*Ivan le Terrible*, dont les *Cahiers du Cinéma* avaient reproduit des "photogrammes", des images imprimées permettant l'observation détaillée de chaque plan. C'est à la vue d'un photogramme que Roland Barthes se lançait à la recherche de quelque chose qui lui échappait encore, et qui prit le nom de **troisième sens**. L'auteur rencontre, en effet, trois niveaux de sens: le premier est le niveau "informatif", celui de la communication; le second est le niveau "symbolique", celui de la signification. Mais il manque encore quelque chose, qui se voit désigné sous le nom de "signifiance". Le suffixe de ce mot, à lui seul, évoque un rayonnement, un sens à la fois adouci et élargi qui le distingue des autres. Les deux premiers niveaux de sens sont clairs, directs, et se présentent naturellement à nous: c'est "l'obvie" (qui provient du latin "obvius" et qui est en anglais "obvious"). Le troisième sens, par contre, est comme émoussé; c'est un supplément qui demeure "à la fois têtu et fuyant, lisse et échappé": c'est le sens "obtus". Nul doute que reconnaître le sens **obtus** relèverait de l'esprit de finesse, cher à Pascal. Que Roland Barthes s'attache à nous démontrer l'existence de l'obtus dans une simple image, voilà qui peut nous faire réfléchir sur la difficulté à le déchiffrer chez l'auteur lui-même. Ses commentaires ne sont-ils pas des textes à l'intérieur de textes, dans une projection en abyme sans cesse recommencée?

Rien ne saurait en faire une meilleure démonstration que le discours de Barthes sur l'alphabet de Erté, cet artiste russe qui fut le maître de l'art déco dans le Paris d'avant-guerre*. Si Erté fut célèbre pour ses dessins de costumes, pour les décors qu'il composa pour les Ballets Russes, il est mieux connu encore pour son alphabet géant: lettres majuscules élaborées à partir du corps féminin, ou plutôt lettres majuscules auxquelles s'est intégrée, de façon indélébile et indissociable, ce qu'on pourrait appeler la Femme dans toutes ses poses. Quoi de plus exceptionnel que cette rencontre de Barthes avec Erté dans le culte de la Lettre, une et indivisible, une et entière, se suffisant à elle-même et égrenant, à elle seule, tout un poème: "Erté nous apporte en don la lettre pure, qui n'est encore compromise dans aucune association et n'est dès lors touchée par aucune possibilité de faute: gracieuse et incorruptible". La Lettre est ici à la fois vierge et offerte, protégée par sa parure ostentatoire et sa pose théâtrale, tout comme la femme qui fait corps avec elle. Toute l'ambiguïté de l'écriture y est peut-être concentrée.

Que restera-t-il du grain de la voix, du grain de la main de Roland Barthes? Sûrement une "signifiance", douce et persistante comme un leitmotiv, comme un profil en demi-teintes, comme un signe toujours attendu, comme un désir jamais comblé.

---

* Romain de Tirtoff (R.T.), né à Saint-Pétersbourg en 1892, créa des décors et des costumes pour les Folies Bergères, le cabaret Bataclan, les opéras de Paris et de Chicago, Hollywood. Il fut célèbre aux Etats-Unis par ses couvertures de la revue *Harper's Bazaar*.

ROLAND BARTHES

Q. Vous avez déclaré, dans un de vos cours au Collège de France, que le problème du langage, ce n'est pas de se faire entendre ou de communiquer, mais de se faire reconnaître par l'autre.

R. Ce n'est pas une position très personnelle, à vrai dire. C'est une position qui résume tout un débat, tout un mouvement de type épistémologique. En général, les linguistes se considèrent comme des savants qui étudient la communication. Certains linguistes ont affirmé cette finalité de la linguistique avec une certaine arrogance. Il était interdit à la linguistique de s'intéresser à tout ce qui n'était pas communication. C'est la position, par exemple, d'un linguiste comme Mounin. C'est une vue épistémologique qui réduit le langage à une pure activité de communication, à quoi s'opposent effectivement tous les développements actuels de la logique, de la philosophie et de la psychanalyse. L'être humain tout entier est absolument consubstanciel au langage. Le langage n'est pas une sorte d'instrument, d'appendice que l'homme aurait "en plus" pour lui permettre de communiquer avec son voisin, pour lui demander de lui passer le sel ou d'ouvrir la porte. Ce n'est pas ça du tout. En réalité, c'est le langage qui fait le sujet humain, l'homme n'existe pas en dehors du langage qui le constitue; le langage est un perpétuel échange, aucun langage n'est monologique. Il n'y a jamais monologue, car même si nous croyons parler seul dans notre tête, en réalité, nous nous adressons toujours d'une façon plus ou moins hallucinée à un autre, ou à l'Autre, qui est autour de nous. Il faut ajouter à ce point de vue, qui n'est pas un point de vue subjectif de ma part, qui représente vraiment un mouvement de pensée actuel, que c'est tout le symbolisme, avec toute la richesse du mot, qui est dans le langage. Le symbolique, ce n'est pas simplement une activité de communication, c'est la réalisation de l'humain qui est dans l'homme. Quant à se faire reconnaître, cela veut dire que quand je parle, je ne

6

peux pas parler sans avoir une certaine idée, une certaine image de l'autre à qui je parle, une image de ce qu'il attend de moi, de ce qu'il est lui-même. J'essaye de prévoir comment il va accueillir ce que je dis, comment il me juge, etc. Moi-même, pendant que je fais cela, je le juge, et quand il m'écoute, il essaye aussi de concevoir l'image que j'ai de lui, de ce que son silence va signifier, etc. Disons que dans le langage, il y a un échange d'images. La linguistique structurale a été pendant trente ans, et c'était nécessaire, une analyse stricte des données de structure du langage, en tant que structure combinatoire d'unités. Maintenant, les linguistes et les gens qui s'intéressent à la linguistique ont très bien compris que ça ne suffisait pas, et que dans le langage il y avait autre chose qu'on devait commencer à étudier. Qu'est-ce qui se passe réellement, et pas seulement dans l'abstrait, qu'est-ce qui se passe quand deux êtres parlent entre eux? Le mouvement est parti certainement de la philosophie oxfordienne, des philosophes anglais qui ont réfléchi sur le langage, à savoir Wittgenstein et Austin*. Cela a été relayé par certaines formes de logique et aussi, beaucoup, par la psychanalyse: le langage comme échange d'images, comme échange, effectivement, de reconnaissance. Quand je parle, je demande à être reconnu par l'autre, quoi que je dise. La linguistique doit s'occuper un peu de cet échange de places, des places évidemment implicites, souvent inconscientes et naturellement très difficiles à démêler. Mais il est certain que le langage ne sert pas seulement à communiquer; il sert à exister, tout simplement.

Q. Le sujet de votre cours, cette année, est "Le Neutre". Or, vous avez écrit dans *Essais critiques*: "Nul ne peut écrire sans prendre parti passionnément sur tout ce qui va et ne va pas dans le monde". S'agit-il maintenant d'une tentative de retrait ou de désengagement de votre part, par rapport à vos démarches précédentes?

* Ludwig Wittgenstein, né en 1889 à Vienne, auteur de *Remarques philosophiques* (Gallimard, 1984).
John Langhaw Austin, auteur de *le Langage de la perception* (A. Colin, 1971).

R. Le Neutre n'est pas un désengagement systématique, un retrait. Il essaie de chercher des modes nouveaux et un peu inouïs d'engagement: un engagement morcelé, un engagement discontinu, un engagement inattendu, un engagement par oscillation. J'ai un peu abordé tout cela dans le cours. Au fond, le Neutre, c'est ce qui n'est pas systématique, donc un retrait qui serait systématique ne serait pas du Neutre.

Q. Vous avez décrit le Neutre, entre autres choses, comme le temps du "pas encore", comme une traversée, comme un temps suspendu, comme un masque, un écran contre une certaine angoisse. Pourtant vous continuez à prendre parti dans la mesure où vous utilisez l'écriture?

R. Personne ne se débarrasse de cette contradiction, personne ne peut vraiment la résoudre. Je le vois dans les thèses de doctorat que je dirige. Bon nombre de ces travaux consistent à dénoncer le caractère idéologique de certains discours, de certaines oeuvres. C'est souvent très juste, très justement conduit, analysé, mais on est obligé de dénoncer l'idéologie des autres avec un discours qui est finalement lui aussi idéologique. Cela produit une espèce d'impasse, qui est la nôtre à tous. Nous avons une conscience très vive de l'idéologie des autres, mais nous n'arrivons pas à trouver un langage libre de toute idéologie parce que cela n'existe pas. Je dis que parmi tous les langages, l'écriture, c'est-à-dire le travail de l'énonciation à partir du modèle littéraire, si vous voulez, c'est encore le discours où il y a le moins d'idéologie, parce que c'est le discours où il y a le moins d'arrogance et aussi le moins d'imposture. L'écriture ne se met pas sous l'instance de la vérité, elle est le leurre assumé, l'illusion, la fiction, l'art et par là même elle ment moins, finalement, qu'un discours qui prétend dogmatiquement à la vérité.

Q. Le langage scientifique est-il une écriture comme les autres?

R. Je ne dirai pas que la science est une écriture, parce que je réserve le mot d'écriture à des formes de langage que je valorise beaucoup dans mon esprit. Mais il est certain que les sciences dites humaines, par opposition aux sciences dites exactes, ont besoin du discours courant pour s'exprimer. Or ces sciences ne mettent jamais en cause le langage qu'elles emploient. Elles considèrent que c'est un langage qui va de soi, qui est purement instrumental, et elles ne se disent jamais que finalement elles utilisent un discours qui est lui-même sous emprise idéologique, sous contrainte d'énonciation. Il y là une sorte d'imposture fondamentale de la science, des sciences qui prétendent se servir du langage simplement comme d'un instrument, qui ne considèrent pas l'élément, je dirais halluciné, pour reprendre un terme que j'ai déjà employé, du langage. Dans tout discours, il y a toujours une dimension imaginaire sur laquelle les sciences humaines ne se sont jamais posé de questions, du moins jusqu'à présent.

Q. Vous nous avez expliqué, effectivement, que toute langue est hallucinatoire, car en se posant, elle affirme des images; que toute langue est pathétique, car elle est une lutte continuelle contre la grammaire; que le langage est assertif, donc arrogant; qu'il y a des choses qu'il nous oblige à dire et d'autres qu'il nous empêche de dire. Bref, vous avez employé le mot de fascisme à propos du langage. Par ailleurs, vous employez souvent des mots grecs, ou des néologismes, en faisant remarquer que la langue française a besoin de "supplément".

R. Je ne pense pas à la langue française particulièrement. Supplémenter la langue, c'est une idée de Mallarmé. Selon lui l'écriture, ou la littérature, ou la poésie, cela sert à "supplémenter" la langue. La langue, telle qu'elle est décrite par le lexique et la grammaire, c'est quelque chose qui a des lacunes considérables, où le sujet sent qu'il ne peut pas s'exprimer à travers des moyens finalement assez pauvres, syntaxiques ou lexicaux, que la langue lui donne. D'autre part, comme je l'ai dit souvent en effet, la langue oblige à parler d'une certaine façon et empêche de parler d'une autre. Par exemple, en français, il n'y a pas de genre neutre; il y a des cas où cela peut m'embarrasser beaucoup. Je peux avoir dans la tête des nuances qui feront que je serai très frustré par le manque de neutre en français. J'imagine par exemple qu'en anglais, le fait qu'il n'y ait pas de différence entre le **tu** et le **vous**, qu'il n'y ait donc qu'une seule personne d'allocution, cela gêne peut-être les sujets. Donc, dans la langue, il y a des contraintes qui sont gênantes. Le discours, la littérature, tout ce qu'on fait de la langue sert à lui donner des suppléments qui lui manquent. Mon discours, d'une certaine façon, lutte avec la langue. D'une part, il est obligé de l'utiliser, il y puise ce qu'il peut dire, et en même temps il est en lutte avec elle. C'est une position très dialectique. Mais ceci est propre à toutes les langues. Il n'y a pas de langue plus pauvre qu'une autre. Par moments, si je sens qu'un mot français n'exprime pas bien la richesse de ce que je veux dire, la richesse de connotation, la richesse culturelle, à ce moment-là je me sers d'un mot étranger, comme un mot grec, qui est relativement plus libre et moins hypothéqué par l'image.

Q. Il y a des formes de langage dont vous vous méfiez particulièrement. Par exemple, dans le *Degré zéro de l'écriture*, vous écrivez: "Le passé simple et la troisième personne du roman ne sont rien d'autre que ce geste fatal par lequel l'écrivain montre du doigt le masque qu'il porte"; et à propos de l'adjectif, vous avez écrit: "(...) abolir entre soi, de l'un à l'autre, les adjectifs; un rapport qui s'adjective est du côté de l'image, du côté de la domination, de la mort".

R. Il faut distinguer. Le nom propre, la troisième personne, le passé simple, ce sont des traits de l'écriture romanesque, c'est en tant que tels que j'ai dit que je ne les supportais pas. Disons que, au cas où je voudrais écrire un roman, je serais un peu embarrassé d'employer il ou elle, le passé simple, et de donner des noms propres à mes personnages. Cela m'embarrasserait, pourquoi? Parce que cela fait partie d'un code complètement usé; si donc j'employais ces formes-là, cela voudrait dire que j'assume le code dans son usure. Ce n'est pas impossible; on pourrait dire qu'on l'assume et accepter d'écrire un roman comme autrefois; mais cela pose des problèmes considérables. Il y a une résistance à certaines formes. Pour l'adjectif, c'est tout différent. Ce n'est pas un problème d'oeuvre romanesque, c'est un problème de vie vécue, de vie relationnelle de tous les instants avec l'autre. Il est certain que mettre un adjectif sur un être, même si cet adjectif est laudateur et bienfaisant, c'est ficher un peu l'être sous une sorte d'essence, d'image, et par conséquent, à partir d'un certain degré de sensibilité, cela devient un peut un instrument d'agression. Cela dit, c'est une lutte très utopique, car on ne peut pas parler sans adjectifs.

Q. Votre procédé d'analyse est très éclectique, il utilise pas mal d'approches différentes?

R. Oui, j'ai toujours eu envie d'utiliser des langages différents et nouveaux sur des objets anciens, c'est ainsi que je définirais mon travail critique. J'ai pu utiliser à certains moments assez largement le langage psychanalytique, tout en n'étant pas du tout un spécialiste; maintenant je le fais beaucoup moins, et je ne fais presque plus, finalement, de critique. Dans mon cours, au Collège, vous avez pu voir que je ne travaille pas une oeuvre, je lis des oeuvres et puis je fais passer des morceaux de ces oeuvres dans une pensée qui est située ailleurs que dans la critique, qui est plutôt une sorte de recherche éthique. Comment se conduire dans la vie, comment vivre? En fin de compte, c'est bien une recherche éthique.

Q. Vous êtes amené, au Collège de France, à travailler un peu autrement que dans vos autres cours, à l'Ecole des Hautes Etudes, par exemple.

R. Il y a deux ans que je suis au Collège; c'est moi qui ai voulu que la chaire s'appelle "Sémiologie littéraire". J'ai voulu que le mot "sémiologie" soit attaché à la chaire non pas du tout pour moi, mais dans l'espoir que cela pourrait aider d'autres sémiologues, des jeunes surtout. Vous savez que la sémiologie n'est pas reconnue comme discipline universitaire, et chaque fois qu'un jeune chercheur va devant une commission, un comité consultatif dont dépend sa vie professionnelle, la sémiologie n'étant pas reconnue comme discipline, il rencontre des difficultés. Alors je me suis dit qu'en consacrant la sémiologie par une chaire du Collège de France, qui est tout de même une institution prestigieuse, j'aiderais peut-être à faire reconnaître la sémiologie. Mais le paradoxe veut qu'au moment où j'accédais à cette chaire, je ne faisais pratiquement plus de sémiologie. J'ai traversé la sémiologie, j'ai travaillé pour elle dans ses débuts, mais maintenant je me considère comme une sorte d'outsider tout-à-fait libre par rapport à la méthodologie. Quant au public du Collège, je ne le connaissais pas. Il n'y a que deux ans que j'ai un public et c'est quelque chose de nouveau pour moi. C'est un vrai public, puisque tout le monde vient là, il n'y a pas d'inscriptions. Moi-même je ne saurais pas le définir. Je vois bien que les âges sont très mélangés. Je sens bien que les niveaux culturels sont différents, et par là même je suis entraîné vers un discours, je dirais moins méthodologique, moins technique et plus "humain".

Q. Pouvez-vous parler un peu de votre intérêt pour les cultures orientales?

R. Sur le plan des faits, il est absolument évident qu'un occidental ne ne peut pas avoir un accès authentique aux cultures extrême-orientales pour des raisons linguistiques. Ce sont des langues très difficiles et très lointaines dont l'apprentissage demande des années de très grande spécialisation; encore n'est-on pas sûr d'y arriver. Un intellectuel occidental ne peut pas se permettre cela dans sa vie; quand bien même il se mettrait à apprendre un peu de chinois, au bout de trois ans d'efforts il ne saura pas le chinois, c'est absolument évident. Je dirais la même chose pour les langues qui véhiculent le bouddhisme. Donc, nous n'avons de la pensée extrême-orientale qu'un très vague reflet, très déformé et nous ne nous mettons pas, nous autres occidentaux, par rapport à l'Extrême-Orient, dans une relation de vérité, parce que nous n'y avons pas accès linguistiquement. Mais l'Orient nous sert parce qu'il représente une altérité authentique. Au fond, il y a tout de même une grande identité de toutes les cultures occidentales, de leurs religions. Nous voyons très bien que finalement entre l'Islam, les trois christianismes, orthodoxe, catholique, protestant, et le Judaïsme, il y a certes des différences, mais à un très haut niveau de synthèse, c'est la même pensée. L'Orient fonctionne alors comme l'Autre à cette pensée, car nous avons besoin (en tous cas c'est nécessaire dans ma vie intellectuelle) d'une sorte de pulsation entre le même et l'autre. Ce que je peux apercevoir, par reflets très lointains, de la pensée orientale me permet de respirer.

Q. L'Orient jouerait un rôle de repoussoir par rapport à ce que la culture occidentale comporte d'esprit de concurrence, d'agressivité, voire de confrontation?

R. On peut projeter dans l'Orient, parce que l'Orient y aide souvent, des fantasmes personnels de douceur, de repos, de paix, d'absence d'agressivité. Il y a dans la pensée orientale bien des traits réels qui soutiennent une telle vision.

Q. Pourrais-je terminer en vous demandant de dire quelques mots de votre nouvel ouvrage qui consiste à réhabiliter, pour ainsi dire, le discours amoureux, si tant est qu'il est un peu oublié aujourd'hui?

R. Précisons bien que le discours sur l'amour-passion est aujourd'hui abandonné de la caste intellectuelle, c'est-à-dire de ceux qui réfléchissent, qui font de la théorie. Il y a très longtemps que le discours amoureux a disparu des préoccupations de l'intelligentsia. C'est là qu'est la solitude du discours amoureux, car en revanche il est très bien représenté dans la culture populaire, les films, les romans, les chansons. C'est du point de vue de l'intellectuel que je suis que je m'étais placé.

Q. J'ai tiré de vos *Fragments d'un discours amoureux* cette citation: "Savoir qu'on n'écrit pas pour l'autre, savoir que ces choses que je vais écrire ne me feront jamais aimer de qui j'aime, savoir que l'écriture ne compense rien, ne sublime rien, qu'elle est précisément **là où tu n'es pas** - c'est le commencement de l'écriture". Pouvez-vous l'éclairer un peu?

R. C'est une ellipse volontairement un peu paradoxale qui vient au terme d'une méditation sur le désir qu'a le sujet amoureux de donner son écriture à l'être qu'il aime, de lui en faire cadeau, l'écriture étant le meilleur de lui-même. L'amoureux a envie de donner cette meilleure chose de lui-même, et peu à peu il découvre, dans une sorte de mouvement assez dramatique de déflation, que, en réalité, l'écriture en se faisant prend une espèce de consistance, d'autonomie, d'opacité, qui fait qu'elle ne peut pas refléter ce don. Elle est donc renvoyée à une certaine solitude, c'est ma conviction profonde. Pour prendre un exemple historique, prenons quelqu'un qui a essayé de mettre le don d'amour dans son écriture, comme Henri Heine, le poète romantique allemand. Il a toujours eu des amours très malheureuses, il a écrit des poèmes d'amour admirables, et en même temps ces poèmes d'amour n'ont jamais atteint leur destinatrice. Nous nous trouvons, nous, bénéficier d'une écriture qui ne nous était pas destinée. L'écriture, c'est cela, c'est une solitude qui n'atteint pas son but, mais qui atteint peut-être un but auquel on ne pensait pas.

Paris, juin 1978.

2. Simone de Beauvoir

Chaque siècle littéraire français s'enorgueillit d'une femme exceptionnelle: Louyse Labé, Madame de Sévigné, Germaine de Staël, George Sand. Au vingtième siècle, c'est Simone de Beauvoir qui donne une nouvelle conscience à la femme et une certaine idée de la France. Parmi les grandes dames de ce siècle, plus que Colette, Sarraute ou Duras, elle a secoué les préjugés sur la condition féminine, remis en question nos valeurs personnelles et notre angoisse de vieillir et de mourir. En s'interrogeant sur son "moi" elle a, suivant la tradition de Montaigne, décrit la nature humaine.

A la fois calomniée et encensée par la critique, Beauvoir fit scandale en 1949, avec le *Deuxième Sexe*. Elle devint plus tard la mère spirituelle du Mouvement de Libération des Femmes et le mentor de toute une génération à travers le monde. Elle s'était révoltée dès l'âge de quatorze ans contre le milieu bourgeois et catholique dont elle était issue, et avait perdu la foi. Après des études brillantes, elle était, à vingt-et-un ans, la plus jeune agrégée de France. Après la deuxième guerre mondiale, elle a incarné avec Jean-Paul Sartre l'Existentialisme de Saint Germain des Prés.

Mais sa renommée de féministe a fait méconnaître son oeuvre d'écrivain. A part *L'Invitée* (1943) et *Les Mandarins* (1954) qui obtint le prix Goncourt et qui décrit les milieux intellectuels de l'après-guerre, ses romans n'ont pas toujours reçu l'attention et l'estime qu'ils méritent. *Tous les hommes sont mortels* (1966) est un ouvrage fascinant qui peut être lu a des niveaux différents: comme un roman d'aventures, comme un roman historique ou comme un roman philosophique. Sa dernière oeuvre, *La Femme rompue* (1968) est un ensemble de nouvelles bouleversantes sur la vieillesse, la solitude et la mauvaise foi.

Voyageuse infatigable, elle parcourut le monde, l'Europe de l'est, l'Afrique, et fit de longs séjours aux Etats-Unis. Elle publia ses impressions dans *L'Amérique au jour le jour* (1948). Malgré ses nombreux séjours à l'étranger, elle revint toujours à l'Hexagone et vécu dans le quartier où elle avait grandi. Dédaigneuse du confort matériel et du luxe, elle habitait un modeste appartement. Quand on sonnait chez elle, c'est elle qui ouvrait la porte et vous faisait pénétrer dans une grande salle de séjour aux murs tapissés de photos, de livres et de souvenirs de voyages.

Chroniqueuse de son temps depuis *Mémoires d'une jeune fille rangée* (1958) jusqu'à *La Cérémonie des adieux* (1981) elle a reflété son époque et nous l'a fait mieux comprendre. On y découvre aussi la vie mouvementée et pathétique d'une femme engagée, cherchant continuellement à développer ses connaissances intellectuelles et à vivre intensément: "En décidant d'être écrivain, a-t-elle déclaré, j'ai choisi la vie que je souhaitais, une vie où on ne cessait jamais de recommencer, où on n'a jamais fini de recommencer".

De même qu'elle avait initié ses contemporains à l'étude de la condition féminine, elle est une des premières à nous avoir parlé de la déchéance et de la détresse que connaît la vieillesse dans nos sociétés modernes. Sa longue enquête *La Vieillesse* publiée en 1970*, signale une situation alarmante et fait méditer sur la condition des vieux.

* Tous les ouvrages de Simone de Beauvoir sont publiés à Paris aux éditions Gallimard.

On l'a dépeinte comme une femme froide, hautaine, comme une virago féministe. Ceux qui l'ont connue en ont fait un tout autre portrait: généreuse, ardente et passionnée, elle a été au coeur des grands débats intellectuels de l'après-guerre et s'est battue pour défendre les droits des opprimés. Militante de gauche, elle l'est restée toute sa vie, tout en restant fidèle à une éthique exemplaire.

Quoi qu'on puisse penser de son oeuvre, on ne peut qu'admirer son courage à défendre les faibles et les oubliés. "Beauvoir", ce nom est déjà devenu un mythe, car elle aura donné aux femmes comme aux hommes la possibilité d'envisager le sens des mots : existence, liberté, responsabilité. Plus que toute autre écrivaine de son époque, elle a marqué son siècle. Il est impossible de parler de la femme comme on le faisait avant elle. Elle a touché la conscience et l'existence de millions de femmes.

Lors de ma dernière rencontre avec Simone de Beauvoir, le 6 mars 1986, cinq semaines avant sa mort, elle m'a semblé encore plus détendue, plus alerte et pleine de vivacité et d'énergie que lorsque je l'avais vue trois ans auparavant. Elle était en pantalon, portait un beau tricot bleu assorti à ses yeux et son fameux petit turban. Une certaine sérénité, une paix émanaient d'elle. Elle était confiante et positive au sujet de l'avenir. Son appétit de vivre continuait à se manifester par son intérêt pour une quantité de sujets. Celle qui la première nous avait alertés à la tragique condition de la vieillesse avait une vieillesse active et réussie.

SIMONE DE BEAUVOIR

Q. J'ai été souvent choquée, irritée et peinée qu'on vous appelle "La Grande Sartreuse" ou "Notre-Dame de Sartre"*. Pensez-vous qu'on a trop souvent associé votre oeuvre à celle de Sartre?

R. Je pense que nos deux oeuvres ont été en vérité très associées. Je pense que, sur le plan philosophique, Sartre était créateur tandis que moi, je n'ai jamais prétendu être créatrice en philosophie, simplement mieux connaître, comprendre les philosophes. Alors sur ce plan-là, je dirais que j'ai été très influencée. Je dirais même que j'ai adopté les idées de Sartre. Mais sur le plan proprement littéraire, je pense que j'ai été créatrice, c'est-à-dire que je suis partie de ma propre expérience et que j'ai essayé de rendre par mes propres moyens ma propre expérience.

Q. Pour Sartre, l'homme est totalement libre de choisir, mais dans votre philosophie de la liberté --une idée que je n'ai pas découverte dans la philosophie sartrienne de la liberté-- la femme, étant opprimée par la société, doit d'abord se libérer avant de pouvoir choisir. Elle doit prendre conscience d'elle-même, elle doit conquérir sa liberté. Comment expliquez-vous cette différence?

R. Sartre ne s'est pas beaucoup occupé de l'oppression des femmes. Il ne la sentait pas. A la fin de sa vie il s'y est intéressé un peu plus, mais ce n'est pas une chose dont il est parti. Il s'intéressait surtout à des héros masculins tandis que moi, étant femme, je me suis intéressée essentiellement peut-être à des héroïnes féminines, précisément parce

* Jeu de mots qui évoque l'Abbaye de la Grande Chartreuse et la cathédrale Notre Dame de Chartres.

que j'avais une identification plus facile avec une femme qu'avec un homme. Encore qu'il y ait tout de même des héros masculins. Le héros de *Tous les hommes sont mortels* est un homme, et dans *Les Mandarins* il y a deux héros qui sont aussi bien des parties de moi-même: Anne et Henri. Henri est aussi important, puisqu'il est écrivain, et que j'ai mis en lui toutes mes expériences d'écrivain, tandis qu'Anne est plutôt mon expérience, précisément, de femme.

Q. On a appelé *L'Invitée* un des chefs-d'oeuvre du roman métaphysique. Voudriez-vous définir les rapports que vous établissez entre la littérature et la métaphysique?

R. Je pense que la métaphysique est une manière de voir le monde. Je pense que même les gens qui croient ne pas avoir une vision du monde en ont une qui est une vision apprise, traditionnelle, incohérente mais ils en ont une quand même. Evidemment, quand on est philosophe c'est plus précis, et toute l'histoire qu'on raconte s'inscrit dans ce monde, le monde tel qu'on le pense, tel qu'on le voit, tel qu'on le sent. L'existentialisme est d'ailleurs particulièrement propre à servir de fond à une oeuvre romanesque puisqu'il s'agit de l'existence, c'est-à-dire du développement de la vie humaine dans le monde.

Q. Un critique, Maurice Cranton*, a déclaré que votre intérêt principal est dans l'éthique plutôt que dans la métaphysique: "le sujet principal des romans de Simone de Beauvoir est l'éthique de l'ambiguïté." Qu'en pensez-vous?

R. Je pense que c'est faux. Je pense que je n'ai pas écrit des romans à thèse comme on l'a beaucoup prétendu. Or, dire ce que dit ce monsieur, cela revient à dire que je n'ai écrit que des romans à thèse.

---

* The Novelist as a philosopher, Studies in French Fiction, Oxford University Press, 1962.

Je pense que le roman doit avoir une signification, qu'il en a forcément une. Tant qu'à faire, qu'on choisisse celle que l'on veut lui donner. Mais la thèse n'est qu'une démonstration. Ce n'est pas l'essentiel d'un roman qui doit montrer au contraire l'ambiguïté des situations. J'ai écrit un roman qui est particulièrement moral: *Le Sang des autres*, mais c'est justement celui que je trouve le moins bon parce que les personnages ont presque tous des motivations morales et que la conclusion, finalement, est morale. C'est un peu ennuyeux, moins vivant et moins vrai que ne doit l'être un roman.

Q. Dans le film "*Simone de Beauvoir*"*, vous avez déclaré: "Le roman est une problématique".

R. Justement, le roman ne devrait pas être une affirmation d'une théorie quelle qu'elle soit. Cela doit mettre le public en face des problèmes que pose le monde. C'est le rapport des hommes entre eux, le rapport des hommes avec la société. Le roman doit poser le problème, montrer comment il se pose à ses héros, et jeter le lecteur dans la perplexité, non lui apporter des solutions toutes faites.

Q. A quel roman tenez-vous le plus?

R. Je tiens beaucoup à *L'Invitée*. *Je tiens beaucoup* aux *Mandarins*, *L'Invitée*, me semble-t-il, a le mérite de la jeunesse, d'être un premier roman, d'exprimer tout ce que j'ai ressenti à un certain moment de ma vie. *Les Mandarins*, qui expriment ce que j'ai ressenti à un autre moment de ma vie, sont plus riches parce que j'étais plus mûre, parce que le livre est plus ambitieux et qu'il envisage tout un groupe de gens alors qu'il y avait très peu de héros dans *L'Invitée*. Donc, je réitère ma préférence pour les *Mandarins* sur *L'Invitée* contrairement à ce que les critiques pensent d'ordinaire, d'ailleurs.

* Un film de José Dayan et Malka Ribowska, 1982.

22

Q. A quel personnage vous identifiez-vous le plus?

R. Je me suis beaucoup identifiée à Françoise, dans *L'Invitée.* J'ai mis beaucoup de moi-même dans Anne, et comme je vous l'ai dit, j'ai mis aussi beaucoup dans Henri.

Q. Comment vous vient l'idée d'écrire un roman?

R. Cela vient à partir d'une expérience que j'ai envie de transmettre. J'ai raconté dans mes *Mémoires* comment chaque idée de roman m'est venue. *L'Invitée* m'a été inspirée par l'expérience du trio que nous avons fait avec Sartre, et qui n'avait pas très bien marché. *Les Mandarins,* c'était l'histoire des intellectuels d'après-guerre avec tous leurs espoirs et ensuite les déceptions qu'ils ont pu avoir. Autour de ces intellectuels gravitaient des gens qui n'étaient pas exactement des intellectuels, mais dans lesquels je retrouvais diverses attitudes humaines.

Q. Les héroïnes de vos derniers romans sont beaucoup moins indépendantes et libres: -Laurence, dans *Les belles Images**, Monique, dans *La Femme rompue*- que celles de vos oeuvres de jeunesse: Chantal, dans *Quand Prime le spirituel,* Françoise dans *L'Invitée,* Anne, dans *Les Mandarins,* Hélène, dans *Le Sang des autres.* Cette tendance pessimiste reflète-t-elle votre désillusion sur la condition féminine?

R. Pas du tout, c'est dans Marguerite que j'ai mis beaucoup de ma propre adolescence, et pas dans Chantal. Mais ensuite, après avoir dit beaucoup de choses sur ma propre expérience, j'ai eu envie de parler d'expériences très différentes des miennes, comme celle de *La Femme rompue,* de Laurence, qui n'ont quasiment rien à faire avec moi mais que j'ai connues, que j'ai rencontrées dans la vie très souvent, sous

* *Les belles Images,* Gallimard 1966; *Quand prime le spirituel,* Gallimard 1979; *Le Sang des autres,* Gallimard 1945.

plusieurs figures d'ailleurs. Monique, de *La Femme rompue*, m'a été inspirée par quatre ou cinq femmes que j'ai vu rompre, ou du moins être rompues, avec des réactions à peu près semblables. J'ai voulu en parler car c'était une expérience indirecte.

Q. L'amour tient une large place dans la vie de tous vos personnages féminins. Pensez-vous que l'amour soit plus important pour les femmes que pour les hommes?

R. Je le pense, en effet, et j'en ai parlé longuement dans *Le Deuxième Sexe*. Etant donné que les femmes ont un avenir et des perspectives barrées par la Société telle qu'elle est en ce moment, une de leurs solutions, c'est l'amour. L'homme par contre à sa carrière, il a l'oeuvre qu'il a à faire, il a d'autres responsabilités. Donc, il est moins enfermé dans l'idée d'amour, il peut se réaliser autrement qu'à travers l'amour. Comme on a persuadé aux femmes qu'elles sont inférieures à l'homme, il est normal qu'elles dévouent leur vie à quelqu'un qu'elles pensent supérieur à elles. Mais je pense que c'est de moins en moins vrai aujourd'hui, parce que les femmes pensent qu'elles sont les égales des hommes, elles pensent à suivre des carrières, à faire des oeuvres, à être créatrices. Dans ces circonstances, l'amour joue très souvent un rôle secondaire, ou même ne joue presque pas de rôle dans leur vie.

Q. Quelles sont les solutions que vous préconisez pour rendre le mariage plus compatible avec la société contemporaine?

R. Je pense qu'il faut le dissoudre. Je pense qu'il ne faut plus de mariage. D'ailleurs, c'est ce que beaucoup de jeunes sentent. Ils vivent ensemble s'ils le veulent. Ils se séparent quand ils veulent sans avoir recours aux institutions, à Monsieur le Maire, à des divorces, à la justice, car il y a énormément de divorces, et s'il y en a tant, c'est parce qu'il y a beaucoup de mariages qui ne marchent pas. Tant qu'à faire, il faut être prévoyant. Il faut penser que le mariage ne durera sans doute pas éternellement. L'engagement de deux êtres qui ont devant eux soixante ans de vie chacun, puisque maintenant on vit très longtemps, est quelque chose d'absurde, car évidemment on change. Il est tout-à-fait exceptionnel qu'on se trouve être d'accord, qu'on veuille continuer à vivre ensemble, à avoir des liens profonds, quand dix ans, quinze ans, vingt ans ont passé. Par conséquent, le mieux vaut certainement ne pas se marier.

Q. Le mariage, la famille, une carrière n'ont pas rempli la vie et satisfait vos héroïnes. Quel serait le but d'un personnage féminin indépendant et libre?

R. Il y a des buts aussi différents que les goûts et les désirs de chacun. Il faut que chacun réalise, si c'est possible, ses propres désirs qui, en général, sont ancrés dans sa propre enfance ou son adolescence. On ne peut donner de solution à personne. Evidemment, se donner à une cause quelconque à laquelle on croit vraiment: être une femme-médecin, une femme-professeur, une femme-chercheuse ou une femme-créatrice, ce sont des solutions qui, à priori, semblent très valables. Mais on peut aussi connaître l'échec dans ces domaines là, et ne pas avoir la possibilité de les rendre compatibles avec d'autres désirs. Tout cela est très difficile. Chaque vie est un problème à elle seule.

Q. Quel est le problème qui vous préoccupe le plus aujourd'hui?

R. Personnellement, je n'ai pas de problèmes. Les problèmes préoccupants sont surtout ceux du monde: c'est le problème de la guerre, le problème nucléaire par exemple, le problème de la survie de l'espèce humaine, le problème de la sous-alimentation, de la misère d'une immense quantité d'humanité. Il y a aussi le problème de la femme qui, pour moi, est plus immédiat. Justement, c'est le seul sur lequel je travaille vraiment et sur lequel je sois réellement engagée et active, puisqu'il s'agit de supprimer l'oppression de la femme. C'est un problème peut-être moins important que d'autres, mais c'est un problème sur lequel moi, personnellement, et les gens qui me connaissent, peuvent agir d'une manière beaucoup plus directe que sur la faim dans le monde, par exemple.

Q. Dans vos écrits, un sujet m'a touchée personnellement, c'est la hantise du temps. Est-ce un problème que vous ressentez personnellement ou que vous avez surtout observé autour de vous?

R. Ce problème, je l'ai ressenti, et tout le monde le ressent. Je ne vois personne qui ne se soucie de son passage de l'enfance à l'adolescence, de l'adolescence à l'âge mûr et de l'âge mûr à la situation d'une personne âgée et ensuite à l'état de vieillard. Tout le monde est sensible à cela, en soi-même et dans son entourage, parce que voir également les gens grandir, mûrir, vieillir, c'est une expérience extrêmement importante pour chacun d'entre nous.

Q. Pensez-vous que depuis que vous avez écrit votre essai sur la vieillesse, elle est moins méconnue et incomprise qu'elle ne l'était auparavant?

R. Non, je ne le pense pas du tout. Je ne pense pas qu'un livre puisse vraiment changer les choses. Je pense que dans l'ensemble, on prend un peu plus conscience de la situation des vieillards parce que la population, en Europe, vieillit de plus en plus, mais qu'on n'apporte pas de solutions beaucoup plus valables que celles qu'on apportait auparavant.

Q. Pensez-vous que les préjugés de la société contre les vieillards ont diminué?

R. Non, je ne crois pas. Je crois qu'on est toujours scandalisé s'il y a une sexualité chez les vieillards, et il y en a une. Cela scandalise toujours beaucoup la société.

Q. Croyez-vous que, du fait que beaucoup de personnes vivent de plus en plus longtemps, il y aura dans l'avenir moins de préjugés?

R. Ce qui me semble intéressant, c'est que la médecine aide les vieillards à vivre mieux et à ne pas être atteints de trop de maladies. Les gens sont maintenant beaucoup moins diminués. A quatre-vingts ans, on peut être encore quelqu'un de vivace, alors qu'autrefois on ne le pouvait pas. Beaucoup de progrès d'hygiène et de santé ont amélioré le sort des vieillards physiquement. Dans l'ensemble, ils se portent mieux. Il ne faut pas toutefois exagérer. C'est vrai surtout dans les classes assez aisées. Les hommes, qui ont travaillé toute leur vie comme ouvriers ou paysans, sont usés quand arrive la vieillesse. Je crois que, de ce point de vue, les choses n'ont pas beaucoup changé depuis ce que j'ai écrit.

Q. Pensez-vous que la vieillesse est moins difficile pour une femme que pour un homme?

R. Elle tombe de moins haut. Je crois que c'est difficile pour un homme qui a eu un sens du pouvoir. Comme je le dis dans mon livre, une femme arrive toujours à se débrouiller: il y a la famille, les petits enfants, des petites tâches ménagères. Elle peut faire des choses, tandis qu'un homme qui n'a plus son métier n'a plus rien. Les hommes sont complètement enfermés dans des rôles alors que les femmes en général le sont un peu moins. Je crois par conséquent que les femmes vivent mieux leur vieillesse que les hommes. Cependant, on accepte plus facilement qu'un homme âgé ait une vie sexuelle que les femmes du même âge. Cela scandalise la société si une femme de quatre-vingt ans a des rapports sexuels avec un homme de cinquante ans, alors qu'on ne trouverait rien à dire si les âges étaient inversés.

Q. Devrait-on reculer ou avancer l'âge de la retraite?

R. Je ne sais pas. Cela dépend surtout des conditions sociales. Je pense que pour un ouvrier qui a beaucoup travaillé, l'âge de la retraite ne doit pas être reculé, tandis qu'un intellectuel, par exemple, a envie de le repousser le plus possible. Métreau, qui travaillait au Musée de l'Homme, a été chassé par l'âge de la retraite à soixante ans. Il s'est suicidé. Il y a des hommes qui ne supportent pas la retraite. Soixante ans, maintenant, avec les progrès de la médecine et de l'hygiène c'est encore la force de l'âge. Alors, si on vous met à la retraite!... Tandis que s'il s'agit d'un ouvrier qui a trimé toute sa vie, plus on avance l'âge de la retraite, mieux cela vaut pour lui. D'autre part, comme il y a beaucoup de chômage et qu'on veut donner une chance aux jeunes, il est très difficile de fixer un âge de la retraite. Cela dépend tout-à-fait du métier ou de la situation. Cela devrait être un choix.

Q. Comment voudriez-vous qu'on juge votre oeuvre: comme celle d'un écrivain existentialiste ou d'un auteur féministe?

R. D'un écrivain.

Paris, février 1983.

3. Léopold Sédar Senghor

On a pu se poser la question de savoir si Léopold Senghor est un poète français ou un poète africain. Fausse question, en vérité, puisqu'il se perçoit lui-même comme une synthèse de deux cultures, un alliage, une alliance. C'est fort de son agrégation de grammaire française qu'il chante la savane, "l'ancêtre à la peau d'orage" et la femme Noire. C'est fort aussi de ses souvenirs d'enfance sérères qu'il modèle et module la langue de Ronsard pour la rendre apte à évoquer aussi bien le rythme des tams tams et des guerriers tumultueux que le ciel immobile et les jardins de France.

De l'école religieuse de l'île de Gorée* au lycée Henri IV, du stalag où il fut prisonnier à L'Académie Française où il fut élu en 1983, en passant par la présidence de la République sénégalaise, Léopold Senghor aura connu tous les contrastes, tous les honneurs, comme tous les paradoxes. Et d'abord dans sa façon très personnelle de transmettre le message chrétien: en montrant à l'Europe son double dans la Négritude, en montrant à l'Afrique son rêve d'équilibre et de clarté dans ce qu'il appelle si joliment **la francité**. Il a vécu dès l'enfance l'expérience de la double culture, de l'ouverture au monde extérieur, et

* Ile de la côte du Sénégal située en face de Dakar.

à ce titre aussi, il est un précurseur. Il a su faire d'un déchirement une richesse, d'une confrontation un message d'amour.

> "Conserve et enracine en moi l'amour premier de ce même peuple...
> Fais de moi ton Maître de Langue: mais non, nomme moi son ambassadeur"

L'auteur de *De la Liberté de l'âme ou Eloge du métissage** et de *Ce que je crois* (dernier ouvrage paru chez Grasset) reste un témoin irremplaçable, avec Aimé Césaire, de ce carrefour de toutes les espérances que fut le Paris des années vingt et trente. Et ses recueils d'essais *Liberté* sont une référence obligée pour expliquer l'esprit qui anime sa poésie, la quête qu'elle représente, la sagesse qu'elle transmet. Ne renier ni nos ancêtres ni la plus petite parcelle de nature vivante dont nous sommes faits, voilà peut-être une vérité qui restera plus que jamais valable au siècle qui nous attend. Semblable à un noble griot de son pays, Léopold Senghor est aujourd'hui à l'âge où seule compte la sagesse. Sa poésie qui n'a pas d'âge nous incite à goûter le temps.

Lors d'un colloque qui lui était récemment consacré au Centre Culturel International de Cerisy-la-Salle, il s'est longuement expliqué sur son itinéraire intellectuel, sur ses sources de méditation, sur son inspiration transculturelle. Il a souligné que le vingtième siècle resterait celui de la découverte de la civilisation négro-africaine, c'est-à-dire d'un art **signifiant**, à qui la notion d'art pour l'art est étrangère. Les objets y possèdent une spiritualité, une harmonie à la fois concrète et symbolique. Nous pouvons retenir une autre leçon de la culture africaine: l'incapacité des Noirs, dit Senghor, à haïr durablement. Dans la mesure où le langage est, pour l'Africain, création, il recrée chaque jour l'univers, il voit dans la beauté du signe son essence. Goûter la poésie de Senghor, c'est nous ressourcer au plus profond de l'inconscient collectif. C'est aussi découvrir la souplesse insoupçonnée de

---

* In *Négritude et Humanisme*, Paris, Seuil 1964.

31

la langue française, apte à évoquer sous sa plume aussi bien le raffinement des émotions que les images violentes de la nuit des temps. Ses recueils de poèmes *Chants d'Ombre* et *Hosties Noires* en sont la somptueuse illustration*.

Nous avons cité *Négritude et Humanisme (Liberté I)*, publié aux éditions du Seuil en 1964. Il fut suivi de *Liberté II: Nation et voie africaine du socialisme* (1964), de *Liberté III: Négritude et Civilisation de l'Universel* (1977) et de *Liberté IV: Socialisme et Planification* (1983).

Ethnologue, historien et linguiste, Léopold Senghor consacre aujourd'hui l'essentiel de son temps à la Francophonie. Il s'en explique dans *Ce que je crois* (Grasset, 1988), qui porte en sous-titre: *Négritude, Francité et Civilisation de l'Universel*. Ces mots résument parfaitement toute la philosophie de Léopold Senghor: enracinement dans la Négritude, assimilation de la Francité, projection vers l'Universel. Le chemin de la Francité à l'Humanisme Universel passe, selon lui, par la **Latinophonie**, c'est-à-dire "toutes les nations qui ont vocation à se servir d'une langue néo-latine ou du grec comme langue nationale, langue classique ou langue de communication internationale". Ce groupe devrait inclure les vingt-deux pays de l'Amérique latine et constituerait ainsi, sur le plan culturel et linguistique, un contrepoids à la culture du "Commonwealth", plus orientée vers les valeurs économiques. Léopold Senghor réitère donc sa volonté d'oeuvrer en faveur du français comme la première des langues latines. Elle a vocation à couvrir les cinq continents et son rôle doit être **équilibrant**, comme instrument d'analyse, de nuance et de synthèse.

Nul ne parle mieux de la langue française que Léopold Sédar Senghor. Il en parle en poète, il en parle en grammairien, et enfin il en parle en "nègre", c'est-à-dire du point de vue de celui pour qui elle constitue la complémentarité parfaite. Et comme parler français c'est avoir une conscience particulière du **temps**, c'est le grammairien qui

* Une nouvelle édition des *Poèmes* regroupés en un seul volume a été publiée dans la collection *Points* aux éditions du Seuil en 1984.

prend la parole: "Si le français met l'accent sur le temps, c'est-à-dire le moment où le sujet parlant situe l'action, c'est pour marquer un lien logique de cause à effet". En effet, les huit temps qu'offre le mode indicatif, sans parler des temps surcomposés, les six modes qui modulent les variations du passé, du présent et du futur, l'importance de la concordance des temps, tout cela fait partie de ce que Senghor définit comme le génie français. Importance, donc, du conditionel et du subjonctif, véhicules du sentiment et de la nuance. De plus, "et c'est ce qui fait la richesse du français, l'idée ou le fait circonstanciel peut aussi être exprimé par un syntagme, c'est-à-dire un groupe de mots, voire par un seul mot, souvent entre virgules".

Le discours de Léopold Senhor sur les "affinités électives" entre le français et la Négritude, entre la latinité et la Négritude, se veut aussi universel que la langue dont il se sert. C'est dire qu'il n'exprime pas seulement le point de vue d'un Africain, d'un ethnologue, d'un historien, d'un linguiste ou d'un poète, mais toutes ces perspectives à la fois. Il souligne que la France est "en train de réaliser un métissage culturel exemplaire", et qu'elle est, à ce titre, avec les Etats-Unis, à l'avant-garde de cet Humanisme de l'Universel qu'il appelle de ses voeux. Invité en 1988, avec Aimé Césaire, à un Congrès international sur la Négritude à l'Université internationale de Miami, en Floride, il a accueilli l'année suivante à Dakar le Troisième Sommet de la Francophonie. C'est ainsi que Léopold Senghor, qui n'est plus président de la République de Sénégal, pratique aujourd'hui la politique à un niveau encore plus haut et, dirons-nous, plus élevé. Car défendre un humanisme à la fois multilingue et universel, y mettre tout le poids de son expérience, de son talent, de son prestige et de sa volonté, n'est-ce pas la meilleure façon de servir la liberté?

LEOPOLD SEDAR SENGHOR

Q. Pouvez-vous évoquer votre rencontre avec Léon Damas et Aimé Césaire à Paris, au lycée Louis-le-Grand, et l'époque de *l'Etudiant Noir**?

R. Très exactement, je suis arrivé à Paris en 1928 et Césaire est entré au lycée Louis-le-Grand en classe de première supérieure en 1931. C'était ma première année au lycée, et c'est ainsi que nous avons fait connaissance. C'est vers la même époque que j'ai rencontré Léon Damas qui, lui, était étudiant à la Faculté de Droit, étudiant assez fantaisiste au demeurant. A ce moment-là, il n'y avait pour ainsi dire pas d'étudiants africains à Paris. A l'Association des étudiants, on avait recensé dix étudiants Noirs en tout et pour tout, pour toute la France. Les choses, évidemment ont bien changé. Quoi qu'il en soit, c'est ainsi que nous avons été amenés à nous rencontrer pour parler des problèmes qui nous étaient communs.

Mais en réalité, c'est vers l'âge de seize ans, alors que j'étais élève au Collège des Séminaristes de Dakar que j'ai eu pour la première fois le sentiment de la Négritude. Ce collège recevait des séminaristes, et il y avait aussi une section d'enfants non séminaristes. J'étais déjà contestataire et j'exposais fréquemment au Père directeur les revendications des pensionnaires. Or, le Père directeur, très souvent, nous punissait en nous disant que nous n'avions pas de civilisation. J'ai commencé à agir contre cette affirmation parce que j'avais vécu chez mon père, à vingt-trois kilomètres de Joal, au bord du fleuve Sine. Mon père était un propriétaire terrien qui possédait d'importantes quantités de bestiaux et qui faisait le commerce des arachides. C'était un notable

---

* Léon-Gontran Damas, écrivain guyanais, né à Cayenne en 1912, mort à Washington en 1978. Aimé Césaire, poète martiniquais, né à Basse-Pointe en 1913, actuellement maire de Fort de France.
L'Etudiant Noir, revue créée à Paris en 1932, premier manifeste de la *Négritude.*

34

du pays, et de temps en temps le roi de Sine (car cette région était un protectorat et non une colonie) venait lui rendre visite en grand équipage, entouré de quatre griots, c'est-à-dire de quatre troubadours à cheval qui chantaient les hymnes royaux. Je n'avais jamais rien entendu d'aussi beau. Et je me rappelle que les conversations de mon père avec son hôte étaient empreintes de la politesse la plus raffinée. Donc, je n'avais que seize ans, mais je commençais déjà à protester contre la prétendue barbarie des Négro-Africains. Ce n'est que plus tard, à Paris, que j'ai trouvé des arguments auprès des artistes, des écrivains et de mes professeurs de l'Institut d'Ethnologie de Paris. En 1931, j'ai obtenu ma licence et je me suis mis à préparer une agrégation de grammaire. Mais j'étais conscient qu'enseigner le grec et le latin c'était bien, mais qu'il fallait nous enraciner, nous les intellectuels Noirs, dans les civilisations africaines, tout en nous ouvrant aux apports des civilisations européennes, et singulièrement de la civilisation française. C'est la raison pour laquelle je suivais aussi des cours à l'Institut d'Ethnologie de Paris et à l'Ecole Pratique des Hautes Etudes avec Mademoiselle Hamburger, qui était alors la plus grande spécialiste des langues négro-africaines. Mademoiselle Hamburger commençait déjà à défendre la thèse selon laquelle les Sumériens et les Dravidiens* étaient des Noirs qui parlaient des langues agglutinantes. Elle démontrait ainsi que sur 3.000 km, du Proche Orient entre l'embouchure du Nil et l'embouchure de l'Indus, là étaient nées, avec les trois premières écritures, les trois premières grandes civilisations des Noirs. Et en même temps, donc, je suivais à l'Institut d'Ethnologie les cours de Paul Rivet, qui a créé l'anthropologie moderne en France. Je suivais également les cours de Marcel Mauss, qui est l'un des fondateurs de la sociologie, et enfin les cours de Marcel Cohen, qui était un des plus grands spécialistes des langues sémitiques. Et déjà ces professeurs insistaient sur l'ancienneté et la valeur des civilisations Noires en Afrique, au Moyen-Orient et en Inde.

* Les Sumériens : ce peuple de la basse Mésopotamie apparut au IVe siècle av. J.C. et développa l'art et le commerce en Méditerranée orientale. Les Dravidiens : peuples d'Asie, répartis de l'Inde à la Birmanie.

Q. Que s'est-t-il passé depuis?

R. Je voudrais surtout m'arrêter sur le premier congrès international de paléontologie humaine, qui s'est réuni à Nice en octobre 1982. Ce congrès, après les travaux les plus récents de grands biologistes comme les professeurs Jean Bernard et Jacques Ruffié, ce congrès a confirmé que l'homme avait émergé de l'animal en Afrique depuis deux millions cinq cent mille ans et que l'Afrique était restée "aux avant-postes de la civilisation jusqu'au paléolithique supérieur il y a 40.000 ans". Et moi je dis: jusqu'au quatrième millénaire, avec la fondation en Égypte de la première écriture. La deuxième écriture a été créée par les Sumériens en Mésopotamie, les Sumériens qui parlaient une langue dite agglutinante. Enfin la troisième écriture a été fondée vers 2.500 avant Jésus Christ par les Dravidiens de l'Inde, très exactement, la vallée de l'Indus. J'ai rencontré en son temps celui qui a déchiffré cette écriture, Asco Parcolla, un Finlandais. Selon lui, c'est à partir de l'écriture des Dravidiens que les Chinois ont inventé leur écriture, comme c'est à partir de l'écriture sumérienne que les Sémites, les Acadiens, puis les Assyro-Babyloniens ont inventé leur écriture. Tout cela est vraiment très important. Depuis lors, d'ailleurs, de nombreux savants, comme Alexandre Moret, professeur au Collège de France et d'autres, ont confirmé l'antériorité du continent africain qu'il s'agisse de la race, ou de la civilisation. Il va sans dire que tout cela a été beaucoup étudié depuis la fin de mes études en 1934.

Q. Cette notion de Négritude, qui vous est apparue si tôt, a-t-elle beaucoup évolué dans votre esprit depuis ce moment-là?

R. Non. Naturellement, parmi les artistes négro-africains qui sont venus après nous, certains ont dit que la Négritude n'était pas celle de Damas, Césaire et moi. Mais je dis que c'est idiot. Car, qu'est-ce que la Négritude? Je pourrais vous demander: qu'est-ce que la latinité? Qu'est-ce que c'est que la francité? La francité, ce sont les vertus que véhiculent la langue et la civilisation françaises. La Négritude, c'est l'ensemble des valeurs du monde Noir. Cette définition restera valable tant qu'il y aura des Noirs et qu'ils n'auront pas changé. Ce qui peut être différent, c'est l'analyse qu'on en fait, car ce qui nous touchait surtout dans les années trente, ce que nous revendiquions, c'était ce qui était le plus opposé aux vertus de la langue française. Vous vous rappelez le vers de Césaire: "Et deux et deux font cinq!"* C'est-à-dire que tout ce qui était rationalité, tout ce qui était clarté, tout ce qui était méthode, nous le rejetions au nom de la Négritude. Par ailleurs, comme l'a observé justement Jean-Paul Sartre**, nous avions une attitude quelque peu raciste, nous vivions entre nous, dans la ferveur ou dans l'autocontemplation. Maintenant, nous avons évolué. Notre attitude est en même temps une attitude d'enracinement dans la Négritude, et une attitude d'ouverture aux vertus des autres civilisations, c'est-à-dire principalement de la civilisation européenne, ou plutôt, comme j'aime à l'appeler, de la civilisation euraméricaine.

Q. Est-ce que vous distinguez une différence entre la Négritude vue par les Africains et la Négritude vue par les Noirs du Nouveau Monde, par exemple? Il semble que pour les Noirs du continent américain, la première souffrance soit le sentiment de l'arrachement à l'Afrique.

R. Justement, ils ont été arrachés à l'Afrique, et je comprends très bien les Noirs du Nouveau Monde. Prenez, par exemple, Césaire à Paris. Il était, si vous voulez, deux fois aliéné parce que ses ancêtres avaient été arrachés à l'Afrique et esclavagisés, et il était aliéné parce qu'il avait été arraché à son pays, la Martinique. Moi, je n'avais été qu'une fois aliéné, j'avais été arraché à l'Afrique. Ce n'est pas tout-à-fait la même chose. C'est pourquoi, souvent les Négro-Américains sont plus romantiques que nous. Nous, nous sommes enfoncés dans l'Afrique.

---

* *Cahier d'un retour au pays natal*, Présence africaine, Paris 1971.

** Cf. Jean-Paul Sartre, *Orphée Noir* (Presses Universitaires de France, Paris 1969).

Nous sommes beaucoup plus stables et beaucoup moins nostalgiques qu'eux.

Q. Pouvez-vous nous parler de l'influence des griots dans la poésie africaine, et aussi, en ce qui vous concerne personnellement, de l'importance de la poésie populaire de Marone N'Diaye?

R. Au Sénégal, nous avons deux sortes de poésie. La poésie savante et professionnelle qui est la poésie des griots, et la poésie populaire qui comprend les chants de travail, les berceuses, et surtout les chants gymniques qui accompagnent les exercices de lutte. Les luttes commencent au moment de la moisson, c'est-à-dire au mois de novembre et se prolongent jusqu'au début de la préparation des champs, au mois d'avril. Je suis né à Joal, comme vous le savez, puis j'ai été amené par mes parents à Djilor, où mon père avait sa villa au sens romain du mot. A Djilor, pendant la bonne saison, la saison sèche, entre décembre et avril, il y avait tous les soirs des concours de lutte sur la place publique. Et les jeunes filles les plus nobles, les plus belles, pour être des jeunes filles parfaites, composaient des chants de lutte en l'honneur de leur champion. Marone N'Diaye était une poétesse populaire de Joal. Tandis que les griots, on les trouvait surtout à la cour du roi. C'était la poésie savante.

Q. Quels sont les critères d'excellence de cette poésie?

R. Partons de la conception que les Négro-Africains ont de la poésie. On peut définir la poésie comme des paroles plaisantes au coeur. La poésie doit partir de l'émotion et provoquer l'émotion. La poésie, c'est une vision intérieure, ou la recréation d'une vision intérieure par la parole. La poésie négro-africaine est un tissu d'images analogiques et de métaphores. Le meilleur poète est celui qui créera les plus belles métaphores, les métaphores les plus saisissantes, les plus chargées d'émotion, mais le poète c'est aussi celui qui sait dire des paroles plaisantes ou chanter des paroles plaisantes. Chez nous, il n'y a pas de mot pour dire "poésie". On emploie le mot "chant", car toute vraie poésie doit être chantée. Quand je parle de chants gymniques, je ne fais que traduire l'expression sérère, le sérère étant ma langue natale. Je vais vous en donner un exemple:

Je ne dormirai point
Sur la place je veillerai
Le tam-tam de mon coeur est un collier blanc

Il s'agit d'une jeune fille qui veut exprimer sa joie. Son fiancé à été vainqueur, et elle est tellement émue qu'elle dit: "Je ne dormirai point, je veillerai". L'émotion et la joie qu'elle ressent la parent comme un collier blanc. Vous voyez, c'est une poésie très métaphorique.

J'ai été boursier au Centre National de la Recherche Scientifique en 1945, et je faisais une enquête sur la poésie africaine pour préparer une thèse de doctorat, que je n'ai jamais publiée d'ailleurs, car je suis tombé en politique. Eh bien, j'étais obligé à chaque fois de faire le commentaire du poème, parce que c'était un tissu de métaphores et qu'il fallait les expliquer.

Voilà les deux aspects de la poésie négro-africaine que je définis souvent comme des images rythmées, et qui doit obligatoirement être accompagnée par des instruments de musique: koras, balafons, etc.

Q. Vous avez défini le caractère africain, entre autres choses, par la faculté d'être ému. Pouvez-vous définir cette qualité particulière d'émotion?

R. En général en France, dans le domaine de la prose, de la vie pratique, être facilement ému, avoir une grande faculté d'émotion est un défaut. Toute l'éducation tend à vous faire dominer vos émotions. Au contraire, dans nos contes et dans nos poèmes, on pleure toujours. Je me souviens que ma mère disait souvent: "Ce n'est pas humain que de ne pas pleurer". Et quand je revenais du collège pour les vacances, quand ma mère me voyait, elle se mettait à pleurer, et elle composait un poème. Vous voyez, ce sont des réactions typiquement africaines. Chez nous l'émotion est la marque même de la noblesse de l'homme. C'est très important. De même que les animaux ne font pas d'oeuvre d'art, les animaux ne sont pas émus. L'émotion est un don de l'homme, et tous les grands poèmes, toutes les oeuvres d'art ont leur source dans l'émotion. Remontons aux anciens Grecs, à Platon et même à Aristote. Je vous renvoie à *L'Ethique à Nicomaque* où il place l'émotion avant la raison discursive*. L'émotion est vision intérieure, et le poète doit, par la parole, par le chant, exprimer sa vision, recréer sa vision intérieure, transmettre aux autres hommes une nourriture spirituelle. J'ai gardé sur la poésie cette notion négro-africaine.

Q. Vous sentez-vous une certaine affinité avec les poètes romantiques? Par ailleurs, vous avez publié une anthologie des poètes du seizième siècle. Vous reconnaissez-vous des points communs avec eux?

R. Je me sens beaucoup plus près des poètes du seizième siècle que des poètes romantiques, parce que chez les romantiques, il y a une certaine facilité, un certain verbalisme, une certaine superficialité de sentiments. Mais il est évident que ce sont les romantiques comme Hugo, Lamartine, etc. qui m'ont ému pour la première fois. J'ai l'impression que les premiers poèmes que j'ai écrits (j'ai détruit tous les poèmes que j'avais écrits avant l'âge de trente ans) ont beaucoup subi l'influence du Romantisme. Les poèmes écrits depuis, non. Je suis retourné à la poésie négro-africaine. Evidemment, j'ai beaucoup lu des poètes comme Claudel, comme Péguy. Mais Claudel et Péguy m'ont encouragé à retourner aux thèmes de la Négritude. Parfois, je ne fais que traduire en français des expressions sérères ou wolof. Quelques

---

* Cf. Aristote, *Ethique à Nicomaque* "Celui qui ne sent pas ne connaît et ne comprend rien".

critiques ont écrit, par exemple, que j'avais imité Homère: pas du tout!
J'ai imité Marone N'Diaye et les autres poétesses de mon village. Il y
en avait surtout trois, que j'appelle mes trois grâces*.

Q. Pouvez-vous expliquer le terme de "participation" que vous avez
employé pour définir une certaine manière d'appréhender l'univers,
particulière à l'Afrique?

R. J'ai employé le terme de *participation* et le terme de *communion*.
La connaissance discursive de l'Européen s'oppose à la connaissance
intuitive du Négro-Africain. Pour un Européen, connaître un objet
extérieur, c'est se séparer de cet objet, c'est l'immobiliser, le figer. Pour
un Négro-Africain, c'est participer à l'objet, c'est s'abandonner à l'objet,
c'est vivre au rythme de l'objet. C'est Descartes qui disait que la raison
avait trois formes: le penser, le vouloir et le sentir. Si vous voulez, les
Européens ont mis l'accent sur le penser et nous, nous avons mis
l'accent sur le sentir. Vous savez que l'épistémologie moderne emploie
les termes de *participation* et de *communion* pour marquer la
connaissance véritable.

Q. Vous ne semblez pas avoir jamais témoigné beaucoup d'intérêt
pour le mouvement surréaliste, et pourtant il semblerait que la poésie
telle que vous l'avez décrite puisse être rapprochée de la poésie
surréaliste qui a, elle aussi un côté métaphysique et un côté hermétique.

R. Bien sûr, nous nous sentions, Damas, Césaire et moi près des
Surréalistes, mais nous étions différents d'eux. L'écriture automatique
qui est basée sur le hasard, cela ne correspondait pas du tout à notre
état d'esprit. Ce qui nous sépare surtout, c'est qu'il n'y avait pas de
sentiment religieux chez les Surréalistes, tandis que chez nous, il y avait

* Elles sont évoquées, entre autres, dans *Nocturnes* (Paris: Editions du
Seuil, 1962).

un sentiment de nature religieuse, même si nous étions de mauvais chrétiens (par définition nous, les Nègres, nous sommes de mauvais chrétiens).

Q. Est-ce que la poésie est pour vous un acte religieux? On a parlé à propos de vos vers, d'un rythme "processionnel", ce qui leur conférerait presque un rôle liturgique*.

R. Ce terme de *processionnel* évoque, comme chez Claudel et Péguy, l'idée de répétition, le style rhapsodique. Mais ce n'est que le côté extérieur. Pour moi, la poésie est la chose au monde la plus essentielle. L'acte le plus important que je puisse faire, c'est écrire. Autrement, je suis livré à la vie politique. Je pense que c'est une vie superficielle parce qu'elle ne s'intéresse qu'au côté pratique et matériel de l'existence. Le domaine sérieux, pour moi, c'est le domaine de la culture. Et la religion, c'est l'expression la plus profonde de la culture. Pour moi, toute oeuvre d'art est un poème, une création pour participer à l'essence de l'invisible. De même dans la prière. Qu'est-ce que la prière? C'est une parole rythmée destinée à créer un lien avec l'invisible. Selon la Bible, Dieu créa le monde en émettant une parole rythmée. En somme, Dieu créa le monde par l'acte du poème. C'est pourquoi la poésie est un acte essentiellement religieux. C'est un acte de création et c'est un acte d'identification avec Dieu.

Q. N'existe-t-il pas une affinité particulière entre la culture française qui, elle aussi, attache beaucoup de prix à la parole, pour laquelle la parole est un plaisir et en même temps un art, et la culture négro-africaine dans ce domaine-là?

R. Oui, parce que les Français sont un peuple latin, et c'est très

* Cf. Lilyan Kesteloot, *Les Écrivains Noirs de langue française : naissance d'une littérature* (Bruxelles: Université libre de Bruxelles, 1965).

caractéristique. Les ethno-caractérologues d'aujourd'hui classent sous le même ethno-type les êtres qui ont une sensibilité très profonde et qui réagissent immédiatement, et avec vigueur: les Méditerranéens, donc les Français, les Latino-Américains, les Nègres et aussi les Japonais. Et récemment, en étudiant l'Antiquité gréco-romaine, les professeurs de l'Université de Dakar ont mis en relief des éléments communs à la culture négro-africaine. Il y a la place publique, il y a la parole dans la cité, il y a le théâtre chanté.

Q. Vous êtes vous-même au carrefour de plusieurs cultures africaines en même temps qu'au croisement de la Négritude et de ce que vous appelez la francité.

R. En ce qui me concerne, je suis au croisement de plusieurs ethnies. Mon père est de lointaine origine mandingue, et ma mère est sérère. Je suis un métis biologique et culturel. D'autre part, mon enfance négro-africaine sérère m'a beaucoup marqué, mais je m'exprime en français, j'ai fait vingt ans d'études et dix ans d'enseignement en français. Je dois beaucoup à l'esprit de méthode et d'organisation de la France. C'est cela que l'Europe en général et la France en particulier m'apportent d'irremplaçable. C'est pourquoi d'ailleurs dès le lycée, j'ai cultivé cela. Au séminaire, j'étais le premier en mathématiques et en grec. Déjà, quand nous avons lancé le mouvement de la Négritude en 1930, nous avions pris la formule d'un écrivain négro-américain, Claude Moquet: plonger jusqu'aux racines de notre race et bâtir sur notre propre fonds, ce n'est pas retourner à l'état sauvage, c'est la culture même. Dans cet effort culturel, encore une fois, nous avons décidé d'assimiler l'esprit cartésien. Et actuellement, j'ai consacré le reste de ma vie à la francophonie. Mais il faut s'entendre, il y a quarante-deux états francophones, il s'agit pour chaque nation ou pour les nationaux de chaque état de s'enraciner dans les valeurs nationales et de s'ouvrir aux valeurs complémentaires du français, à son esprit de méthode. Et je vais aller plus loin, jusqu'à la francophonie dans la latinité. En effet, les Méditerranéens latinophones, l'Amérique latine, les quarante-deux pays francophones, cela va chercher vers le milliard et même plus d'habitants. C'est cette latinité qui sera insérée dans la civilisation d'aujourd'hui. Et je ne néglige pas les langues germaniques, d'autant plus que ma femme est normande: je définis la germanité comme un lyrisme lucide. J'ai introduit au Sénégal dans l'enseignement secondaire comme matière obligatoire à côté du français une langue germanique. Les étudiants ont à choisir entre l'anglais et l'allemand. 80% des étudiants choisissent l'anglais, mais il y a un 20% de courageux qui choisissent l'allemand, et aujourd'hui le département d'allemand de l'Université de Dakar compte une majorité de Sénégalais parmi les enseignants.

Q. La francophonie n'est-elle pas menacée par l'anglophonie?

R. Je pense que la francophonie va se développer. Nous sommes déjà insérés dans la latinité. J'ai présidé récemment le premier congrès international d'orthopédie à Monaco. Eh bien, il y avait des Français, des Belges, des Canadiens, des Africains, mais également des Italiens, des Espagnols et des Latino-Américains. Et en même temps je suis président de l'Association Asturias qui réunit les intellectuels et les enseignants latino-américains. J'ai fait signer il y a deux ans un accord culturel entre les quatre pays latins de la Méditerranée et les quatre grands pays d'Amérique latine: Argentine, Brésil, Mexique et Colombie. Mais encore une fois, je ne suis pas du tout l'adversaire de l'anglais. Un de mes "hobbies", pour parler franglais, c'est de traduire mes auteurs de langue anglaise préférés. J'ai remarqué d'ailleurs qu'au vingtième siècle les plus grands poètes, les plus originaux, ont du sang celtique: T.S. Elliot, W.B. Yeats, Dylan Thomas, etc. Mais la francophonie a des chances, les Américains eux-mêmes, qui ont un flair formidable, le reconnaissent.

Q. Vous avez écrit une *Ode à Martin Luther King*. Pouvez-vous, pour finir notre entretien, y ajouter quelques commentaires?

R. Martin Luther King est un modèle, parce qu'il est profondément enraciné dans les valeurs de la culture nègre, et d'autre part, il a l'esprit ouvert. Il n'a pas de haine contre les Américains blancs. Pendant le dernier voyage que j'ai fait aux Etats-Unis je suis allé au temple où le père Martin Luther King faisait ses adieux à ses fidèles, et c'est son fils qui a prêché. Je suis ensuite allé m'incliner sur la tombe de Martin Luther King. D'une façon générale, j'ai actuellement la plus grande estime pour les Américains. Car la ségrégation est en train de disparaître, et les Américains sont en train de construire l'avenir. Le fait même que les études grecques et le français sont en train de reprendre avec une nouvelle vigueur me paraît en être le meilleur signe.

Cerisy-la-Salle, août 1986.

Alain Decaux, Ministre Délégué chargé de la Francophonie, a présidé la séance d'ouverture des Etats Généraux des Ecrivains Francophones le 11 décembre 1989 à l'Académie Française. Cent cinquante écrivains, représentant trente-huit pays, avaient été invités, parmi lesquels: Antonine Maillet (Canada), Jacques Rabemananjara (Madagascar), Bernard Dadié (Côte d'Ivoire) et Anise Koltz (Luxembourg).

© Photo Mamadou Super Koné

4. Alain Decaux

Alain Decaux est originaire du Nord de la France, et il eut vingt ans en 1945. Bien qu'ayant fait, à Paris, des études de Droit, il n'envisagea nullement une carrière dans la magistrature et s'engagea résolument, la France à peine libérée, dans le monde des lettres. Les nombreux ouvrages qui attestent de son talent d'écrivain sont en effet, d'abord et avant tout, des oeuvres littéraires. On y reconnaît une qualité de style et un choix de sujets libres des contraintes universitaires, qui invitent plutôt à une approche transdisciplinaire: sociologique, juridique, psychologique.

Episodes mystérieux ou oubliés de l'histoire, personnages énigmatiques élevés parfois au rang de mythes, tout ce qui est insolite inspire à Alain Decaux des récits inattendus dont il est le savant et subtil narrateur. De l'Atlantide à Meyerling, L'Enigme Anastasia, Louis XVII retrouvé, Dossiers secrets de l'histoire, Grands secrets, grandes énigmes, tels sont quelques-uns des quelques trente ouvrages qui ont fait connaître Alain Decaux au grand public. Sa fascination pour les êtres hors du commun, -Louis XIV ou Napoléon, mais aussi Raspoutine ou la Castiglione- est contagieuse, son éclectisme, éblouissant, son talent de conteur hors pair. La dimension historique et politique est pour lui inséparable de la dimension humaine, chaque épisode dramatique donnant lieu à une étude de caractère: Auguste Blanqui, le général

Malet, les époux Rosenberg peuvent être considérés comme des victimes hautement symboliques de la marche inexorable de l'Histoire, et il a su le faire sentir.

Alain Decaux a occupé pendant plus de trente ans une place unique dans les médias, d'abord à la radio, puis à la télévision. Ses émissions de télévision fort suivies et fort remarquées, entre 1956 et 1988, en particulier "Alain Decaux raconte" (1969-81), "l'Histoire en question" (1981-85), "Les Dossiers d'Alain Decaux" (1985-87), et enfin "Alain Decaux face à l'histoire" (1987-88) sont un bel exemple de la continuité et de la qualité qui sont de mise sur une chaîne publique.

Mais la télévision ne lui suffit pas. Le cinéma et le théâtre le sollicitent également, et nous lui devons des versions scéniques du *Cuirassé Potemkine*, de *Notre Dame de Paris*, de *Danton et Robespierre*, d'*Un Homme nommé Jésus* et de l'*Affaire du courrier de Lyon* dans les mises en scènes spectaculaires de Robert Hossein.

Toutes ces prestations médiatiques se virent interrompues en 1988 lorsqu'Alain Decaux quitta les studios d'Antenne 2 pour un élégant bureau de la rue Talleyrand, à quelques pas de l'Hôtel Matignon. Dans son nouveau poste de ministre délégué chargé de la Francophonie, il est en effet directement rattaché au cabinet du Premier Ministre et son rôle, quoique plus discret, devient plus universel. Car il s'agit de défendre la langue française et les valeurs qu'elle véhicule dans un monde de plus en plus pressé, de plus en plus indifférencié, de plus en plus mécanisé. Les quarante-trois pays de la Communauté francophone se veulent avant tout solidaires, à l'écoute les uns des autres, complémentaires. Cette communauté fait l'objet de tous ses soins, mais s'y ajoutent désormais les dispositions du Programme Lingua décidé par la Commission de Bruxelles à la veille de l'acte Unique Européen qui entrera en vigueur le 31 décembre 1992. Alain Decaux en est un ardent défenseur puisqu'il est prévu de mettre en place l'enseignement d'au moins deux langues étrangères dans chaque pays de la Communauté, la première devant être enseignée dès l'école maternelle. Beau projet qui lui tient à coeur. La méthode de travail d'Alain Decaux, comme son écriture, est faite de rigueur, de persévérance et d'intuition. Sa formation de juriste le rend particulièrement attentif aux inévitables problèmes de procédure. Arbitre et diplomate, mais aussi écrivain engagé, il s'intéresse, on l'a compris, aux minorités, témoin son imposante *Histoire des Françaises* plusieurs fois rééditée.

Amour de l'histoire et amour de la langue ne font qu'un en sa personne. Or, la langue française se conçoit comme entretenant avec le temps des rapports privilégiés. Dans le bagage culturel qu'emporteront ceux qui, bientôt, franchiront la frontière de l'an deux mille, Alain Decaux souhaite que figure en bonne place cette **langue témoin** qui est pour beaucoup une patrie, et qu'avec discrétion, courtoisie et un raffinement de simplicité il illustre de mille manières, puisqu'il est aussi depuis 1979 membre de l'Académie Française.

Mais il convient de s'arrêter un peu sur l'immense travail -et l'immense réussite- que représente l'*Histoire des Françaises* (Librairie académique Perrin, 1972), sur laquelle Alain Decaux s'explique plus loin. Ces deux volumes présentent toute une ethnologie, une sociologie de la femme sur notre territoire depuis sa première apparition et à travers plusieurs millénaires. Le plus intéressant est sans doute le premier volume, dont le sous-titre est *la Soumission,* car il remonte bien au-delà de ce que nous avons coutume de lire, s'agissant de la situation des femmes. Nul mieux qu'Alain Decaux ne s'est penché sur le sort de "nos ancêtres les Gauloises", puis sur celui des "Filles de la Barbarie" francque. Avec sa courtoisie habituelle et son grand talent de narrateur-guide, il nous emmène dans la grotte du Vallonet, lieu préhistorique que peu connaissent, où repose la "première Française", vieille d'au moins un million d'années. Cette femme "petite, velue, forte comme un gorille", était laide, bien sûr, mais elle ne le savait pas et, compensation non négligeable, elle était l'égale de son compagnon. "L'homme et la femme des premiers temps, écrit très joliment l'auteur, se sont élancés d'un pas égal sur le long chemin de l'évolution". C'est ensuite sur les parois d'une autre grotte, la grotte de Laussel, en Dordorgne, que nous allons voir "la plus ancienne représentation préhistorique d'un accouplement". Et Alain Decaux de se demander "si le plaisir sexuel incarné par la femme ne fut pas la première divinité invoquée par les hommes". On sait que presque toutes les religions vénèrent une déesse mère, par conséquent "dès lors que les hommes primitifs prennent conscience du mystère de la vie, il est logique qu'impulsivement ils placent une femme à son origine".

Au niveau donc des rapports à la nature, de la fertilité et de la fécondité, du mystère de la vie et du sacré, la femme joue un rôle éminent. Mais cette influence est reléguée au second plan, ou même tout-à-fait niée, dès lors qu'apparaissent les règles de la famille, du lignage, de la propriété et de l'héritage. La femme n'est plus alors qu'un objet utilitaire au même titre que le bétail dont l'homme est propriétaire. C'est le triste sort réservé aux "filles de la Barbarie", aux femmes et aux filles des Francs, seconds conquérants de la Gaule après les Romains.

Mais avant d'en arriver à l'invasion francque, Alain Decaux s'attarde sur la Gaule pré-romaine et sur la Gaule post-romaine qui a précédé les invasions barbares. Il nous entraîne ainsi sur le site de la plus riche tombe gauloise découverte en Ile de France en 1953, et qui n'est "ni celle d'un roi, ni celle d'un prince, ni celle d'un chef. C'est celle d'une femme. Nous voilà libres de rêver". Nous assistons ensuite à la fondation de la ville de Marseille, à laquelle une femme ne fut pas étrangère. Enfin, nous suivons dans le détail les péripéties de la vie romanesque de Victorina en laquelle, selon l'auteur, s'est incarné l'empire gaulois presque tout entier.

Le second volume, sous-titré *La Révolte*, commence au dix-septième siècle et s'achève en 1972. Cette longue trajectoire n'est pas moins fertile en progrès, en retournements de situations, en paradoxes et en régressions. Selon les époques, l'influence de la Française à pu s'exercer dans la vie rurale, dans les salons, dans le boudoir, dans le monde littéraire, au théâtre, à l'usine ou au bureau. Ces époques ont rarement coïncidé, si bien que l'influence a toujours été fragmentée. Sur le plan législatif, le Code Napoléon, vieux de près de deux-cents ans, est particulièrement défavorable aux femmes. Il a été aménagé progressivement et sera entièrement révisé si Robert Badinter, Président du Conseil Constitutionnel, réussit dans son grand projet. Mais ceci est le sujet d'une autre étude. Ce qui ressort de ce bel ouvrage d'Alain Decaux, c'est la complexité de la condition féminine en France à travers les siècles, complexité qui renvoie à celle de la société française tout entière, à ses traditions sociales, intellectuelles, politiques, religieuses et esthétiques.

Ce périple à travers les âges en compagnie des femmes les plus belles, les plus intelligentes, les plus courageuses ou les plus audacieuses que la France ait connu, est évidement plein d'enseignement. Nous y découvrons une certaine idée de la femme qui fait honneur à son auteur car elle est partie intégrante de l'idée qu'il se fait de l'homme.

ALAIN DECAUX

Q. Monsieur le Ministre, on juge un pays en fonction de la place et de l'importance qu'il reconnaît aux femmes. Sur ce plan-là, la France a longtemps été à l'avant-garde des nations. C'est en France qu'ont été inventés les cours d'amour, les salons littéraires et la carte du Tendre. C'est aussi là qu'ont oeuvré George Sand et Simone de Beauvoir. Ecrire l'histoire de France à travers les hauts et les bas de la femme française, a donc été un travail d'une grande signification historique qui vous a d'ailleurs demandé dix ans de travail.

R. Il est vrai que j'ai passé dix ans à écrire ce livre, mais bien entendu en ne faisant pas que cela. En faisant aussi de la télévision, de la radio, mais tout le temps que je réservais à l'écriture a été consacré à ces deux volumes, puisqu'ils représentent près de deux mille pages. Ce qui m'avait conduit à ce sujet, c'est que tout d'abord il n'avait jamais été traité. Il existait un nombre considérable d'ouvrages sur des Françaises, les femmes françaises ont fait couler des torrents d'encre, mais il s'agit toujours d'une femme célèbre, d'une reine, d'une grande amoureuse, d'un grand écrivain femme, mais il n'existait pas d'histoire de la femme française en tant que telle, paysanne, ouvrière, citadine, prenant place à côté des femmes célèbres, justement.

Q. Vous avez écrit d'entrée de jeu que "la Française est unique dans ce qu'elle a suscité d'admiration, de condamnation et d'interrogation". Est-ce que vous avez écrit ce livre en pensant principalement à résoudre une énigme, ou l'avez-vous écrit en pensant à la période moderne, qui n'a pas été aussi favorable à la femme française que la période qui précède la Révolution?

R. J'ai essayé de faire, depuis la préhistoire jusqu'à nos jours, un tableau de la femme française, de son évolution, j'ai cherché les dominantes, et je crois les avoir trouvées. La conclusion à laquelle je suis arrivé en 1972, puisque c'est la date de la première édition, est-elle toujours valable aujourd'hui? Je dois dire que le dernier chapitre du second volume m'a donné beaucoup plus de peine que les autres, parce que j'aurais pu, et j'aurais peut-être dû, m'arrêter en 1925. Mais j'ai voulu établir un constat, un bilan de la femme française en 1972. Les Françaises se sont-elles reconnues dans ce portrait? Il faut croire que oui, puisque c'est, de tous mes livres, celui qui a connu le tirage le plus élevé. Il s'en est vendu cinq cent mille exemplaires. Beaucoup de femmes l'ont lu dans différentes éditions. Le livre n'a cessé d'être réédité et il est arrivé un moment où il n'était plus possible de laisser dans les librairies un portrait de la femme de 1972 alors que nous étions dans les années quatre-vingt. Les choses avaient prodigieusement changé, ce qui fait que j'ai refait complètement le dernier chapitre il y a cinq ans, c'est-à-dire en 1983. Prenons par exemple le problème de l'avortement. En 1972, je parlais du combat mené par beaucoup de femmes pour la légalisation de l'avortement. Dix ans plus tard, le problème n'existait plus puisqu'une loi l'avait réglé. On pouvait l'approuver ou la désapprouver, là n'était pas la question. Sur de multiples points, ce que je présentais comme un devenir était réalité. C'est d'ailleurs le sens de ce livre tout entier. Il y a un long parcours de la femme pour parvenir à une réelle égalité avec l'homme. Ce serait trop beau si l'on pouvait prendre une courbe, comme on le fait dans les statistiques, qui partirait du point zéro pour arriver au point cent. Comme vous avez pu le constater dans ce livre, l'attitude de la société vis-à-vis des femmes change régulièrement, d'époque en époque, et pas toujours dans le même sens. On s'aperçoit ainsi que l'époque de la Gaule romaine a été une époque favorable à la femme. Beaucoup de femmes occupaient des postes importants dans de nombreux secteurs de l'activité publique, en particulier elles pouvaient être médecins. On croit toujours qu'il a fallu attendre le vingtième siècle pour que les femmes aient la possibilité d'étudier la Médecine: c'était une de leurs prérogatives dans la Gaule romaine. On voyait aussi des femmes chefs d'entreprise, comme par exemple Memmia Sosandris qui possédait des forges considérables à côté de Lyon. Par contre, la période mérovingienne est une négation totale de la femme. La femme n'existait pratiquement pas selon la loi. On pouvait la tuer, en faire ce qu'on voulait, puisque, légalement, elle n'existait pas. C'était une situation effrayante. Quant au Moyen-Age, cela dépend des périodes, car il y a plusieurs Moyen-Age. Disons que dès l'époque capétienne, on constate un net progrès. C'est ainsi que l'on voit des femmes à la tête de fiefs, on voit des femmes gouverner des provinces entières, mais elles le font toujours au nom d'un homme. Le mari est parti faire la guerre, il est parti peut-être aux Croisades, et si le fils n'est pas majeur, ou s'il n'y a pas de fils, la femme acquiert la possibilité d'exercer des pouvoirs très importants. Si le mari revient, si le fils atteint l'âge de la majorité, la femme est de nouveau réduite à rien. Puis, nous voyons arriver le Seizième siècle, et jusqu'ici, nous allons de progrès en progrès. C'était un siècle véritablement féministe. Les femmes occupaient les aires de la culture, de la politique même. Car la Fronde* a été une guerre intestine dirigée par des femmes. Au début du dix-septième siècle, les femmes régnaient sur les salons, réformaient la langue. On se souvient par exemple de Mademoiselle de Scudéry, de Madame de Rambouillet chez laquelle se réunissaient les premiers grammairiens. Les femmes étaient à la tête de tous les mouvements de l'esprit, elles dominaient les hommes. On pouvait penser que la cause était gagnée. Eh bien, pas du tout! Arrive Louis XIV, son entourage n'est pas féministe, et adieu l'espoir de l'égalité, les femmes n'ont plus qu'à rentrer dans l'alcôve, dans la nursery ou dans la cuisine. Il s'agit donc d'une chute considérable. Cette courbe statistique remonte de nouveau tout au long du dix-huitième siècle, qui redevient un siècle féministe. Pourquoi est-ce qu'aujourd'hui, il existe une certaine image de la France? C'est parce que cette image est née autour du mouvement des idées du dix-huitième siècle, autour des grands philosophes, Montesquieu,

---

* La Fronde fut un soulèvement contre le premier ministre Mazarin pendant la minorité de Louis XIV. Elle dura de 1648 à 1652.

56

Voltaire, Rousseau, Diderot, d'Alembert et les Encyclopédistes. C'est
cette France-là qui est associée aux Droits de l'Homme, et cela en
grande partie grâce aux femmes. On peut dire qu'à la veille de la
Révolution Française, la femme règne. Les lois ne concrétisent pas cela.
Légalement, la femme n'a toujours pas de droits.

Elle ne peut pas signer un contrat par exemple. C'est son mari ou
son père qui doit le faire pour elle. La femme règne dans la pratique
mais pas dans le principe. Or, voici que la Révolution Française arrive.
On pourrait imaginer cette révolution ayant pour but d'apporter
l'égalité, qu'elle va confirmer par la loi des droits de la femme. Pas du
tout. Ces messieurs les révolutionnaires discutent de la question, mais
même Chaumette, qui était à l'extrême gauche de l'extrême gauche
déclara qu'il était impossible à la France d'accorder le droit de vote aux
femmes sans se ridiculiser aux yeux de l'étranger. Voilà de nouveau la
courbe qui redescend, et ce n'est pas le Code Civil de Napoléon qui y
changera quoi que ce soit. Car le Code Napoléon est dans le droit fil
de l'antiféminisme. Napoléon admire beaucoup les femmes, à condition
qu'elles "restent à leur place", et tout est condensé dans le fameux
article 213 "le mari doit protection à sa femme, la femme doit
obéissance à son mari". Tout est dit en deux lignes. Un combat va donc
se livrer pendant le dix-neuvième siècle, avec une différence cependant:
j'ai toujours pensé que Napoléon avait rendu un service aux femmes,
car dans l'Ancien Régime, il n'y avait pas de Code. Il y avait des lois
et des coutumes, qui variaient d'une province à l'autre. Les femmes ne
connaissaient donc pas bien leur statut. Le Code Napoléon peut être
acheté pour quelques sous dans toutes les librairies, et la femme se
rend compte que son destin tient en deux lignes. Que son mari lui
doive protection, passe encore, mais que la femme lui doive obéissance,
voilà qui n'est pas un programme de vie fait pour plaire à toutes. D'où
le combat de quelques femmes qui vont essayer de prendre en main
leur destin. C'est tout un programme. Le mouvement féministe
commencera sous Louis-Philippe* et ira sans cesse en s'amplifiant.

* Louis-Philippe fut "Roi des Français" de 1830 à 1848. Monarque libéral, il fut
surnommé le roi bourgeois.

Q. Il est tout-à-fait intéressant que vous ayez qualifié le dix-neuvième siècle de "Siècle George Sand".

R. Parce que George Sand a été la femme qui, dans son oeuvre, a fait passer les idées féministes*. Ces idées étaient celles de femmes absolument remarquables, mais qui s'exprimaient comment? Dans des brochures que personne ne lisait. Par des réunions publiques? On n'y venait pas. Et voilà qu'un écrivain de génie, et en plus un écrivain populaire qui connaîtra d'énormes tirages, prend ces idées-là et les incorpore à des romans. C'est un exemple de l'importance de la littérature. Sans les romans de George Sand, les idées féministes n'auraient pas eu le retentissement qu'elles ont eu. C'est pourquoi je pense que toutes les femmes, en France, devraient avoir de la reconnaissance à l'égard de George Sand. Ce mouvement a continué sous la Troisième République avec des femmes comme Maria Deraismes, Madame Jules Siegfried et bien d'autres. La Grande Guerre de 14-18 a été une étape très importante. Tous les hommes se battaient, et à l'arrière, il y avait des femmes qui ont pris la relève de tout ce que faisaient les hommes. Il y avait des domaines où il était tout-à-fait imprévisible qu'elles puissent les remplacer. Par exemple, on a vu des femmes conduire des locomotives à vapeur. On n'aurait jamais imaginé cela deux ans auparavant. On a vu des villages où tous les hommes étaient partis et où les femmes faisaient fonction de maires. Elles enregistraient les déclarations d'état civil et accomplissaient toutes les formalités qui incombaient habituellement aux maires. A côté de cela, elles n'avaient pas le droit de vote, ce qui était pour le moins paradoxal. Au front, les hommes avaient besoin de canons, et dans les usines, c'était les femmes qui les fabriquaient. Le Maréchal Joffre a dit, à la fin de la guerre, que celle-ci avait été gagnée par l'héroïsme de nos

* Georges Sand (1804-1876) connut la gloire avec *Indiana* (1832), *Lélia* (1833), *Consuelo* (1842) et toute une série de romans rustiques comme *La Mare au diable* (1846).

combattants, et par le courage des femmes. Il mettait sur le même plan les deux. Quand les soldats, ceux qui survivent, rentrent chez eux, la plupart des femmes rentrent dans leur rôle séculaire, mais elles ne le font pas avec plaisir.

Elles auraient dû avoir le droit de vote en 1920. Mais il y a un tel combat de retardement, de la part, notamment, du monde parlementaire, qu'il semble que l'on n'y parviendra jamais. La Chambre des Députés a proposé à plusieurs reprises le droit de vote pour les femmes, mais le Sénat l'a refusé. Les Sénateurs étaient des hommes plus âgés, plus traditionalistes, et qui redoutaient surtout que le paysage politique français soit modifié. Ils craignaient un changement politique qui aurait été dû principalement au fait que les femmes étaient plus catholiques, plus pratiquantes que les hommes. Or, on s'est aperçu que lorsque les femmes ont finalement obtenu le droit de vote après la Seconde Guerre mondiale, rien, absolument rien n'était changé dans le paysage politique français.

Q. N'a-t-on pas dit, en 1958, que c'est grâce au vote des femmes que de Gaulle avait été élu?

R. On l'a dit, mais comment le prouver? Toujours est-il qu'elles avaient joué un rôle dans la Résistance, qu'elles avaient été déportées. Allait-on refuser le droit de vote aux femmes déportées à Ravensbrück? Il n'était plus possible de retarder pour elle plus longtemps le droit de voter. C'est en 1944, à Alger, que de Gaulle a accordé le droit de vote aux femmes. Ce que j'ai essayé de brosser dans mon livre, ce sont ces allers et retours pendant des siècles qui ont finalement abouti à la loi de 1944. De nos jours, tous les textes qui subsistaient dans notre arsenal législatif établissant des différences ont été peu à peu éliminés. Ce que je constate maintenant c'est qu'en 1789, les femmes régnaient en fait mais non en droit; aujourd'hui elles règnent en droit, mais règnent-elles en fait? Il est très difficile de répondre à une question pareille. Malgré tout, je ne pense pas que la victoire soit complète. L'état d'esprit n'est pas totalement modifié. Pourquoi faut-il que les parlements votent régulièrement des lois pour faire en sorte que les salaires des femmes soient égaux aux salaires des hommes, à travail égal? S'il faut revoter des lois, c'est que les lois précédentes n'ont pas été appliquées. Cela me fait penser aux édits somptuaires qui étaient promulgués jadis, comme quoi la bourgeoise n'avait pas le droit de s'habiller aussi richement que la femme noble. Vingt ans plus tard, on votait un nouvel édit somptuaire, ce qui prouve bien que le précédent n'avait pas été appliqué. Le fait qu'à l'occasion de toutes les campagnes électorales on revienne sur la nécessité de salaires égaux pour les femmes montre que cela n'est pas encore entré dans la réalité. J'ai été frappé, par exemple, par une petite annonce parue dans les offres d'emploi d'un journal: "On recherche femme, licenciée en Droit, dactylographie exigée". On n'aurait jamais publié une petite annonce disant: "on recherche homme, licencié en Droit, dactylographie exigée"... Voici une autre anecdote qui m'a été rapportée par une femme qui a vécu cette situation: on lui propose un emploi, elle se présente devant le chef du personnel, la conversation est très positive, on offre de l'engager et on lui demande combien elle souhaite gagner. La dame répond: tant. Sur ce le chef d'entreprise lève les bras au ciel en s'écriant: " Ah non! A ce prix-là, on peut se payer un homme!" C'est ce que j'appelle l'état d'esprit. Tant qu'on n'aura pas bousculé cette sorte d'attitude, la femme française ne sera pas arrivée au bout de son combat.

Q. Etes-vous optimiste?

R. Je suis optimiste parce que les jeunes générations n'ont plus réellement cet état d'esprit. J'en juge par les jeunes que je vois autour de moi. Le garçon qui se laisse servir est de plus en plus rare. Cela existe encore, j'en connais encore, mais dans ce cas-là, la femme est bien coupable. D'une manière générale, les tâches ménagères se répartissent assez bien, chacun travaille, chacun prend sa part. En 1972 des sondages ont montré qu'une majorité d'hommes n'aimaient pas avoir des supérieurs femmes. Aujourd'hui, c'est dépassé. Personnellement, j'ai travaillé sous la direction de femmes. Dans mon métier, c'est plus ancien peut-être que dans d'autres. J'ai eu deux patronnes à la radio, Madame Méla et Madame Baudrier, j'ai eu Madame Baudrier à la télévision également comme patronne, et vraiment je n'ai jamais ressenti quoi que ce soit de gênant dans le fait qu'elle était ma supérieure. A mon avis, c'est un réflexe complètement dépassé. Dans la maison d'édition qui a publié mon livre, j'ai eu une femme comme interlocutrice pendant vingt ans, elle était mon éditrice et j'étais son auteur, et jamais le fait qu'elle était une femme n'a modifié les rapports logiques d'auteur à éditeur. On peut dire que ce type de problème est en voie de résolution. Nous arrivons à un équilibre qui devrait être l'aboutissement définitif d'une lente évolution.

Q. Ne pensez-vous pas qu'il y a des progrès à faire à l'Académie Française et au Parlement, où les femmes sont très peu représentées, alors que les candidates de qualité de manquent sûrement pas? Y aurait-il, à votre avis, une stratégie à adopter pour accélérer cette évolution?

R. Il est vrai qu'il n'y a que deux femmes élues à l'Académie Française, Marguerite Yourcenar la première et Jacqueline de Romilly la seconde. Il faut cependant se souvenir que, pendant trois siècles et demi, c'est-à-dire depuis la fondation de l'Académie Française par Richelieu, la compagnie est demeurée exclusivement masculine. Il y avait une véritable bastille à emporter. L'élection de Marguerite Yourcenar, confirmée par celle de Jacqueline de Romilly, prend, à mes yeux, cette signification-là. Quant au Parlement, nous assistons en France à une évidente régression de la présence féminine. J'ai analysé ce phénomène dans mon livre. A la première assemblée élue après la Libération, les femmes siégeaient en nombre beaucoup plus grand qu'aujourd'hui. La raison ne doit pas être cherchée dans une désaffection ou un dédain affiché par les femmes, mais par le simple fait que l'appareil des partis politiques reste presque totalement entre les mains des hommes. La revendication féminine a atteint, en France, presque tous ces buts, mais pas ce dernier. Il y a incontestablement ici un nouveau combat à livrer.

* *
*

Q. Les étrangers posent toujours la question de savoir, à propos du Bicentenaire, si les Français sont finalement réconciliés avec leur Révolution, ou plutôt s'ils sont réconciliés les uns avec les autres à ce sujet.

R. Le Bicentenaire de la Révolution qui va être célébré me paraît être une bonne occasion de faire le point. Car il est certain que de ces luttes intestines qui ont caractérisé la Révolution, il existait il y a cinquante ans encore, deux grands courants, au 19e et pendant la première moitié du 20e siècle: ceux qui acceptaient la Révolution et ceux qui la refusaient. Des historiens comme Albert Mathiez défendaient tout de la Révolution, et des historiens comme Pierre Gaxotte refusaient tout de la Révolution. Et ces deux positions extrêmes correspondaient à ce qu'avait déclaré un jour Georges Clémenceau: "La Révolution est un bloc". Personnellement, j'admire beaucoup Clémenceau, il est l'artisan de la victoire, en 1918. Et pourtant, lorsqu'il a soutenu que la Révolution était un bloc, il a proféré une grosse sottise: comme quoi les grands hommes peuvent quelquefois dire des sottises. Car sa position conduit à affirmer qu'il faut soit défendre la Révolution totalement, soit la pourfendre totalement. Les années ont passé et les passions sont moins vives; et puis les historiens ont fait avancer considérablement la recherche, ont publié des faits et des documents. Cela nous permet de

62

faire le point. Je crois que les Français sont d'accord sur le bilan positif de la Révolution en ce qui concerne les grandes idées qu'elle à véhiculées, et qui ont été résumées par les Droits de l'Homme. Les Droits de l'Homme sont un acquis immense pour l'humanité, que l'on doit à l'Assemblée Constituante de 1789 et que personne, dans le monde, n'oublie. Parmi les aspects positifs, il y a aussi le suffrage universel, le principe du jury dans les procès, l'école pour tous, l'abolition de l'esclavage, le fait qu'il n'y ait plus qu'une sorte de citoyens au lieu des hiérarchies de l'Ancien Régime, le fait que les protestants et les Juifs, qui étaient exclus de la communauté française, soient devenus des citoyens à part entière. Tout cela signifie qu'on ne pouvait pas revenir en arrière, même si, temporairement, on a constaté des régressions, notamment en ce qui concerne l'esclavage. On ne peut pas revenir là-dessus, et finalement tous les peuples qui ont lutté pour la liberté à travers le monde l'on fait en chantant "la Marseillaise". On l'a chantée en russe, à Odessa, on l'a chantée en chinois. Ce sont des choses que les Français ne peuvent pas oublier. A côté de cela, et c'est peut-être l'acquis des historiens modernes, il y a eu un dérapage. C'est le mot qu'a employé François Furet, et il a eu raison. Il est exact qu'à partir d'un certain moment, les hommes qui avaient décrété les Droits de l'Homme, ont passé leur temps, semble-t-il, à porter atteinte à ces mêmes droits. Un homme doit être présumé innocent jusqu'à ce qu'il soit prouvé coupable. Or, on met en prison des gens parce qu'ils sont nobles, ou parce qu'ils ont connu des nobles, ou des immigrés. C'est évidemment une atteinte aux droits de l'homme. La loi du 22 Prairial* se présente comme une négation des Droits de l'Homme. Un homme qui comparaît devant un tribunal révolutionnaire n'a droit qu'à un interrogatoire d'identité, il n'a pas droit à un avocat. Aujourd'hui, il existe un consensus la-dessus. J'ai beaucoup admiré M. Mathiez, j'ai même étudié, à la Sorbonne, dans la salle où il est mort! Car il est

* La loi du 22 Prairial An II (10 juin 1793) définissait les suspects passibles de la peine de mort. Elle inaugura la Grande Terreur.

mort en faisant son cours, et une plaque commémore cet événement. Mais on est épouvanté lorsqu'on voit sa défense de la loi de Prairial. Comme il défendait tout de la Révolution, il défendait aussi la loi de Prairial, et avec une argumentation tout-à-fait originale; il disait "mettez-vous à leur place, les prisons étaient si pleines qu'il fallait les vider!" Il me semble qu'il y avait aussi une autre solution, qui était d'ouvrir les portes, plutôt que d'avoir recours à la guillotine. Mathiez à laissé des travaux immenses, mais là il s'agit bien d'un comportement d'historien qui ne se produirait plus aujourd'hui. On peut comprendre les tensions qui ont déchiré la France quand on songe que la France a vu l'Europe entière coalisée à nos frontières. Le Comité de Salut Public se voit confronté à un combat titanesque, et il prend des mesures terribles. Les Vendéens se révoltent, et aussi des villes comme Lyon, comme Toulon. La répression se déchaîne, mais dans des conditions que nul aujourd'hui ne défend plus: il n'y a pas de bonne Terreur. On peut donc admirer tout ce qu'il y a de positif dans la Révolution, en être très fier, et regretter les dérapages, les erreurs qu'on aurait peut-être pu éviter. J'ajouterai qu'il est très facile de refaire l'histoire après coup. Nous regrettons les fautes, les erreurs, quelquefois les crimes, mais nous ne pouvons par nous mettre à la place de ces gens qui improvisaient tous les jours et qui croyaient que ce qu'ils faisaient était nécessaire.

Q. Certains pensent que la Terreur est responsable de Napoléon.

R. Napoléon n'a pas été amené par la terreur, puisqu'il a été porté au pouvoir par ceux qui avaient mis fin à la Terreur. L'autorité de l'état n'existait plus. C'est dans de tels moments que l'on fait appel à un sauveur. Une question intéressante a été souvent posée: Napoléon est-il le fossoyeur de la Révolution ou son héritier? Les deux thèses peuvent être parfaitement soutenues. En fait, si la Révolution se réclamait de deux mots clés, liberté et égalité, on devrait dire que Napoléon à sabordé la première, la liberté, et en revanche valorisé la seconde, l'égalité. Il est évident qu'on n'était pas libre sous l'Empire. Le suffrage universel avait été restauré, mais sur les registres publics, il était très difficile de voter non. A la fin de l'Empire, il y a un retour aux arrestations arbitraires. C'est un retour paradoxal aux lettres de cachet abolies par la Révolution. En revanche, la grande notion d'égalité est confirmée. Tout le monde peut parvenir à n'importe quel emploi, d'où la fameuse phrase "tout simple soldat porte un bâton de maréchal dans sa giberne". Les maréchaux de l'Empire proviennent presque tous des milieux les plus humbles. Lannes était un ouvrier qui s'était engagé en 1792 parmi les volontaires. Il s'est retrouvé maréchal et duc de Montebello. Murat était le fils d'un aubergiste, et ainsi de suite. Certains provenaient de la petite noblesse, mais beaucoup étaient sortis du peuple.

Q. Dans la pièce qui commémore le Bicentenaire de la Révolution, intitulée "La Liberté ou la Mort", dont vous êtes le co-auteur, pourquoi avez-vous choisi de mettre en scène la confrontation de deux hommes, Danton et Robespierre, dont cette pièce constitue en quelque sorte le tête-à-tête symbolique?

R. Parce que chacun de ces hommes incarne l'un des deux grands courants de la Révolution. Robespierre, apôtre d'absolu, veut pousser l'élan révolutionnaire jusqu'à un impossible degré de perfection. Danton veut l'arrêter pour que les hommes puissent jouir en paix des bienfaits de la liberté et de l'égalité conquises.

* *

*

Q. L'année 1989, qui fera beaucoup parler de la France dans le monde entier peut-elle, à votre avis, être l'occasion d'une relance, si je puis dire, de la diffusion du français aussi bien au niveau de l'enseignement qu'au niveau des communications internationales? Quel programme vous êtes-vous assigné en tant que Ministre de la Francophonie, qu'espérez-vous dans ce domaine?

R. La Francophonie a depuis plusieurs années été l'un de mes sujets de préoccupation, parallèlement à l'exercice de mon métier. J'étais Membre du Haut Conseil de la Francophonie depuis sa fondation en 1984, et j'étais également membre de la Commission de la Francophonie de l'Académie Française. C'est ce qui m'a amené à accepter l'offre que m'a faite le Premier Ministre, M. Michel Rocard, d'entrer au gouvernement. Je dois dire que j'étais très loin de songer à cette éventualité huit jours avant. Pouvoir m'occuper totalement de cette Francophonie à laquelle je crois, je ne pouvais que dire oui. Quant à mes priorités, elles sont tellement nombreuses que je ne pourrai en citer que les principales. La Francophonie, c'est évidemment d'abord et avant tout, l'ensemble de ceux qui, à travers le monde, parlent la langue française. Cette communauté a existé du jour où des gens se sont établis hors de l'Hexagone et ont continué à parler français. Mais depuis quelques années, beaucoup de pays se reconnaissent francophones, ont souhaité créer entre eux un lien. Un lien tout-à-fait original, puisqu'il est né de la langue, dont ces peuples ont l'usage en commun. Au-delà de la langue, ce lien peut provoquer des actes de solidarité entre eux. Nous pouvons espérer que ceux qui parlent cette langue avec nous, où que nous soyons, viennent nous aider quand nous en avons besoin. Tout cela est resté à l'état de projet, de souhait, de désir, mais ce désir s'est exprimé si fortement ailleurs qu'en France, que la France s'est sentie dans l'obligation de répondre à cette attente. C'est ainsi qu'en 1986, le Président François Mitterrand a invité à Paris quarante-et-un chefs d'état et de gouvernement. C'est un nombre imposant. Je ne dis pas que dans ces pays on ne parle que le français. Au contraire: on y parle généralement le français plus quelquefois trois, quatre ou cinq langues nationales. Ces quarante-et-un chefs d'état et de gouvernement ont répondu présent. Tous. Il y avait donc là une nécessité. Ils ont décidé de poursuivre leur chemin ensemble. Ils ont décidé de se retrouver régulièrement pour des sommets, et ils se sont retrouvés à Québec en septembre 87. Ils ont alors donné un nom à leur communauté, qu'ils ont nommée communauté solidaire. J'insiste beaucoup sur le mot solidaire, car il donne tout son sens à cette initiative. Ces pays représentent tous les continents, ils sont de race, de culture, d'idéologies, de régimes politiques profondément différents. Le Canada s'y trouve mais aussi le Vietnam, le Sénégal s'y trouve mais aussi la Belgique, l'Ile Maurice s'y trouve, mais aussi la Principauté de Monaco, des états les plus vastes aux plus petits, tous ayant en commun cette langue française. C'est ainsi que le Ministre de la Francophonie que je suis a pour mission de dialoguer avec ces peuples. C'est une préoccupation quotidienne: je vais à eux, ils viennent à moi, et nous essayons de réaliser ensemble les décisions des sommets. Car le but est de prendre des décisions et de les appliquer. Chaque partenaire a un comité national qui est chargé du suivi de chaque sommet. Comme Ministre de la Francophonie, je préside le Comité français. Les comités nationaux se réunissent régulièrement en un Comité International du suivi, de manière à faire passer toutes les décisions au stade international. A mi-chemin entre un sommet et le suivant, se tient un Comité international préparatoire. Il est évident que l'une de mes tâches primordiales concerne la langue française, puisque justement le lien entre tous ces pays est la langue française. Si la langue subit trop d'atteintes, si peu à peu on la grignote, si elle vient à ne plus exister, nous sommes sûrs que la communauté disparaîtra aussi. Je combats donc pour que la langue française ne perde pas de terrain, afin que vive la communauté des pays ayant en commun l'usage de cette langue. Voilà le double sens de mon action.

Q. Vous avez mentionné quarante-et-un partenaires, mais quarante-trois bientôt. Y a-t-il de nouveaux adhérents?

R. Nous avons deux nouveaux adhérents: la Guinée Equatoriale, qui est un pays d'Afrique qui était jusqu'ici hispanophone. Par une décision tout-à-fait originale, ce pays a décidé de basculer vers la Francophonie. Les Equato-Guinéens ont d'abord adhéré à la zone franc, ensuite ils ont décrété le français langue de travail, la troisième étape a été de faire apprendre le français dans les écoles, la dernière étape a été de rejoindre la communauté francophone. Enfin, notre adhérent le plus récent est la Suisse, qui avait envoyé à Paris et à Québec un observateur, et qui a décidé de devenir un partenaire à part entière. La Suisse est un pays qui a une conduite prudente, et on ne peut que l'en louer, un pays qui compte plusieurs communautés linguistiques différentes.

Q. Ne pensez-vous pas que sur le plan linguistique, la Suisse peut servir de modèle à la Communauté européenne, dans la mesure où elle a su trouver la bonne formule pour gérer le multilinguisme?

R. Oui, mais le multilinguisme se trouve être le cas dans presque tous les pays francophones. Le Québec, qui est l'un des fers de lance de la Francophonie dans le monde, fait partie d'un pays, le Canada, qui est anglophone. Cela n'empêche pas le Canada de participer aux réunions au sommet, et d'être représenté par un anglophone, le très honorable M. Mulroney. La Belgique est néerlandophone et francophone, et c'est un néerlandophone qui représente la Belgique au sommet, M. Mertens. En ce qui concerne la Confédération helvétique, la Suisse romande a su convaincre les autres parties de la Suisse de se joindre au groupe francophone. On est venu m'expliquer dans mon bureau que dans un premier temps, la Suisse voulait observer le fonctionnement de ce groupe, pour s'assurer qu'il ne recélait aucune arrière-pensée impérialiste ou néo-colonialiste. Elle a pu se convaincre qu'il n'existe absolument aucune arrière-pensée de cet ordre et qu'il s'agit uniquement de défendre une langue qui nous est commune dans un esprit d'égalité. La Suisse est donc devenue récemment un partenaire à part entière. Les choses ont avancé très vite. Le premier sommet a eu lieu en 1986, et moi qui viens de prendre mes fonctions, j'ai l'impression que cet organisme existe depuis cinquante ans, tellement il est déjà entré dans les moeurs. L'Europe, elle aussi, a franchi des étapes, en vingt ou trente ans, auxquelles on n'aurait jamais songé en 1930. Quelle sera la langue de l'Europe? A mon sens, il ne faut pas qu'il n'y en ait qu'une. L'Europe est composée de pays de très vieille civilisation qui ont tous une très ancienne et très belle culture. Il serait absurde de ne pas bénéficier de la langue de Goete, de la langue de Dante, de la langue de Cervantès, de la langue de Shakespeare. Ce qu'il faudra, c'est réellement parvenir à ce qu'il n'y ait pas de langues sacrifiées. Je n'ai naturellement rien contre la langue anglaise, j'admire beaucoup la culture qu'elle porte, sa littérature, son histoire, mais il ne serait pas juste qu'elle prenne le pas sur les autres langues. Il est logique et normal qu'elle ait sa place, mais au même titre que les autres langues européennes. Ce que nous préconisons, ce que préconise le Ministre de la Francophonie, suivi, semble-t-il, par la plupart des membres du gouvernement français, c'est qu'il faut instituer l'apprentissage de deux langues étrangères dans chaque pays. C'était déjà l'option soutenue par M. Michel Rocard dans ses projets de gouvernement avant même de devenir Premier Ministre. Nous avons pris cette décision pour la France. Il faudra quelques années pour qu'un nombre suffisant d'éducateurs soient formés, mais nous avons l'intention d'introduire la première lange à l'école primaire. Les jeunes enfants apprennent une langue très facilement, sans se fatiguer, et ils peuvent acquérir une langue étrangère pendant le cycle primaire. Cela leur permettra d'apprendre une seconde langue pendant le cycle secondaire, et de l'apprendre bien. Apprendre deux langues à la fois pendant le seul cycle secondaire, comme le font certains, c'est beaucoup et c'est difficile. La connaissance d'une première langue facilitera énormément l'apprentissage de la seconde. Le cerveau et l'oreille seront déjà habitués à cet exercice. Si les Français ont à leur actif la connaissance de deux langues étrangères, il est logique de demander aux autres partenaires de la Communauté l'apprentissage de deux langues également, et à ce moment-là nous pouvons espérer que la place du français en Europe restera très importante. C'est dans cette perspective que se place le Ministre de la Francophonie. C'est par cet équilibre que toutes les langues européennes seront honorées comme elles le méritent.

Paris, décembre 1988.

Agnès Varda (à droite) pendant le tournage de "Sans toit ni loi" (titré en anglais "Vagabond") en compagnie de son interprète principale, Sandrine Bonnaire.

5. Agnès Varda

Dans une rue parisienne commerçante et bruyante se trouve un bâtiment aux couleurs vives qui rappelle plutôt une maison provençale qu'un immeuble parisien. C'est dans ces lieux que réside et travaille la cinéaste nomade Agnès Varda.

Son nom évoque "la Nouvelle Vague", car elle fut une des pionnières de ce mouvement disparate qui se composait de cinéastes très différents par leur origine et leurs convictions.

Au début de sa carrière, Varda ne semble pas attirée particulièrement par le septième art. Née à Bruxelles de parents franco-grecs, elle étudie à l'Ecole des Arts Décoratifs pour devenir conservatrice de musée, mais devient plutôt photographe attachée au Théâtre National Populaire (T.N.P.) de Jean Vilar. Un jour, elle décide de remplacer l'appareil photographique par une caméra de cinéma et réalise *La Pointe Courte*, un film à petit budget. En 1954, il fallait beaucoup de courage pour réaliser un film littéraire, anti-conformiste, personnel comme *La Pointe courte* qui était en opposition avec les procédés cinématographiques commerciaux. Dans son premier film, Varda faisait participer à l'interprétation les habitants d'un petit village avec un couple de comédiens. *La Pointe courte* ne fut pas une réussite commerciale, mais connut un succès d'estime. Varda montrait déjà ses talents de cinéaste littéraire et annonçait le Nouveau Roman en présageant la vision du cinéma de Robbe-Grillet.

Tous les films de Varda, y compris les courts métrages, nous font réfléchir. Si ses films nous touchent par la maîtrise de l'émotion et l'esthétique de la photographie, ils présentent également les prises de position d'une cinéaste engagée dans la politique comme *Loin du Vietnam* ou dans les revendications féministes de *L'une chante et l'autre pas*. Le film *Le Bonheur*, qu'on a comparé aux films d'Ingmar Bergman pour ses couleurs subtiles et impressionnistes, traite du couple et de la liberté en amour.

Le film le plus célèbre d'Agnès Varda, *Cléo de 5 à 7*, est un modèle de ce qu'elle appelle si joliment la "cinécriture". Film d'auteur par excellence, *Cléo* raconte les deux heures de la vie d'une femme qui attend le verdict médical qui la condamne. Le texte du film, publié aux éditions Gallimard en 1962, est aussi un exemple de Nouveau Roman. Voici un commentaire de l'auteur destiné à la presse au moment de la sortie du film :

Cléo se débat entre sa coquetterie natuelle, qui est rassurante, et l'angoisse nouvelle qui lui suggère un monde inquiétant. Elle est le jouet des impressions qui la submergent par vagues. Il m'a paru intéressant de faire sentir ces mouvements vivants et inégaux, comme une respiration altérée, à l'intérieur d'un temps réel, dont les secondes se mesurent sans fantaisie.

Je voudrais qu'on écoute, en même temps, les variations du violon et le métronome.

Le film, dans son déroulement minuté, observe une durée objective.

A l'intérieur de ce temps mécanique, Cléo éprouve la durée subjective: "le temps lui dure" ou "le temps s'arrête", ou "le temps glisse et l'entraîne". Elle-même dit: "Il nous reste si peu de temps" et une minute après: "On a tout le temps".

Dans la mesure où l'action se déroule en temps présent et en temps réel, il ne se passe en réalité que quatre-vingt-dix minutes (la durée réelle du film) dans la vie de Cléo. Chaque scène est minutée comme un métronome : Cléo de 17h05 à 17h08; Angèle de 17h08 à 17h13; Cléo de 17h13 à 17h18, jusqu'à Cléo de 18h04 à 18h12; Antoine de 18h12 à 18h15, et la scène finale avec Cléo et Antoine de 18h15 à 18h30. Le film s'achève donc à dix-huit heures trente, alors que "l'horloge de l'hôpital tinte la demie de six heures".

Le passage du temporel, scandé par le tintement de l'horloge, à l'intemporel de l'amour et du bonheur, si fugitifs soient-ils, est l'une des grandes réussites de ce film. Dans la dernière image, Cléo sourit doucement, regarde furtivement Antoine et murmure: "Il me semble que je n'ai plus peur. Il me semble que je suis heureuse".

Sans toit ni loi, qui a été acclamé comme un des meilleurs films de Varda et qui a obtenu le Lion d'Or à Venise en 1986, reprend des thèmes chers à l'auteur : la solitude, la soif d'indépendance, le défi. Même si le sujet est triste, on est stimulé par les qualités multiples de ce film et par l'attention qu'il porte aux êtres et aux choses. Mona, la vagabonde dont il est question dans l'interview, est un personnage inoubliable qui remet en question toutes les idées reçues. Sandrine Bonnaire en est la remarquable interprète.

Depuis, Agnès Varda a réalisé deux films : *Jane B. par Agnès V.* (il s'agit de Jane Birkin vue par Agnès Varda), et *Kung Foo Master*, également avec Janes Birkin, sortis simultanément en 1987.

AGNÈS VARDA

Q. Pouvez-vous redéfinir le terme de "cinécriture" que vous avez souvent employé et qui exprime si bien votre style?

R. J'utilise le mot "cinécriture", parce que je ne trouve pas très juste, lorsqu'on parle de cinéma d'auteur, cette différenciation que l'on fait entre scénario et réalisation. On sait très bien qu'il y a un type de films qui sont faits par des masses de personnes. On prend un livre célèbre, quelqu'un l'adapte, écrit les dialogues, un metteur en scène le tourne, et puis quelqu'un d'autre fait la promotion, bref, il y a cinq ou six personnes qui finissent par donner une certaine image du film. Et cela donne quelquefois de très beaux films, d'ailleurs. Mais pour ce qui est du cinéma d'auteur, il y en a de moins en moins. Très peu de metteurs en scène sont restés des auteurs. En Amérique, Woody Allen, John Cassavetes sont vraiment des auteurs. Mais par exemple des gens comme Scorcese, qui ont un talent énorme, sont des metteurs en scène. Coppola est quelquefois un metteur en scène, et quelquefois il ne l'est pas. Mais dans le cinéma d'auteur, l'auteur à choisi le cinéma comme un peintre a choisi la peinture pour exprimer soit son tourment, soit son regard sur le monde, sa réflexion sur le chaos qui nous entoure. C'est ce que j'appelle un auteur. Il faut donc nécessairement qu'il fasse un scénario lui-même. En Europe vous avez Bresson, vous avez Bergman, vous avez Brière, Godard, Demy. Ce sont des gens qui travaillent comme artistes sous le coup d'inspirations diverses, même s'ils sont aidés par des scénaristes, car ce sont des circonstances personnelles diverses qui les amènent à réaliser tel ou tel film. Quand j'ai dit "cinécriture", j'ai donc voulu dire que l'écriture d'un film n'est pas dans le scénario, mais serait plutôt la traduction au sens propre du mot "cinématographie", c'est-à-dire l'écriture même par le cinéma. Ecrire un film, c'est autant choisir un paysage d'hiver que visiter moi-même les lieux du tournage. De même qu'on n'imagine pas un peintre qui aurait un assistant à qui il dirait "choisis-moi un joli coin où je vais peindre", on n'imagine pas un écrivain qui dirait à un collaborateur: "vas donc écouter les conversations dans tel ou tel café, et puis tu me rapporteras des dialogues". Il est évident que l'auteur lui-même doit se mettre au cœur des sources d'inspiration: les lieux, les paysages, les gens. C'est comme ça que j'écris mes dialogues. Quant au montage, il fait évidemment partie de cette écriture. Pour moi, la cinécriture, c'est l'ensemble des choix, très particuliers, très personnels, que fait l'auteur-cinéaste, depuis la promenade dans les lieux du tournage, jusqu'au tournage lui-même et au montage, avec quelquefois même la rédaction des résumés de promotion. C'est l'écriture cinématographique qui passe par tous ces choix-là. Le travail en équipe donne très souvent d'excellents films. Les Enfants du Paradis, c'est un très beau film. On peut dire que Carné est entré dans le monde de Prévert, mais ce sont deux personnes différentes. Dans un film comme le mien, évidemment le rôle du photographe est déterminant. Mon directeur photographique s'appelle Patrick Daucier, et naturellement s'il n'a pas de talent, il ne pourra pas faire ce que je lui demande. Mais en lui disant que je ne veux pas de couleur, en marquant tous mes choix, en lui expliquant que je veux un paysage d'hiver, en fuyant le soleil, je lui indique très clairement la photographie que je veux. Et pour la musique, j'explique à la compositrice, qui s'appelle Johanna Luzovitz, qui a énormément de talent et qui a écrit une très belle partition, qu'il n'y aura de musique que dans les travellings qui vont de droite à gauche. Il n'y aura jamais de musique accompagnant des scènes ou dramatisant l'action. Ce sont des choix de mise en scène. Cet ensemble de choix, c'est ce que j'appelle la cinécriture. Et j'ai pris des risques énormes, car dans mon métier de cinéaste, comme personne jamais ne veut produire mes films, je suis donc mon propre producteur. Mon travail se veut un travail d'artiste. On s'étonne que je fasse des films longs, des films courts, des films moyens. On voudrait des films qui aient toujours, disons, entre 1 h 45 et 2 h. Mais moi je ne peux pas imaginer un peintre qui ferait toujours des toiles de 2 mètres sur 3 ou 2,50m sur 3. Je suis sûre qu'un peintre a envie de temps en temps de faire une très petite toile, ou une esquisse. J'ai fait un film de 3 minutes, un film de 20 minutes, un film de 30 minutes, de quoi remplir l'inspiration qui les a motivés. Donc, je me donne beaucoup de liberté avec les formats, qui sont plus difficiles à distribuer, évidemment. Je me situe donc comme un cinéaste qui se veut artiste. Ce n'est pas une ambition démesurée de dire ça. Il y a 32 ans que je fais des films, j'ai fait mes preuves, et je suis arrivée à cette formule que j'appelle cinécriture.

Q. Vous êtes l'auteur d'un film intitulé *Le Bonheur*, mais dans la plupart de vos films, le bonheur est plutôt absent...

R. Il y a pour moi un grand bonheur de filmer, un bonheur dans le tournage, mais mes films sont tous sérieux, ils sont sur la difficulté de vivre, au fond ils sont très tristes.

Q. *Sans Toit ni loi* est particulièrement bouleversant.

R. Oui, on n'arrive pas à comprendre le personnage de Mona, moi pas plus que les autres. C'est bouleversant parce qu'on se rend compte qu'il y a une limite à ce qu'on peut comprendre chez les autres dans l'existence.

Q. Pouvez-vous retracer la genèse du film? Est-ce que votre rencontre avec une jeune fille nommée Settina a été le point de départ?

R. Le film n'a pas commencé par l'histoire d'une jeune fille ou d'une autre. Le film est parti sur l'hiver, dans une région du Midi que je connais bien, le Languedoc, et l'émotion insupportable pour moi de tous les cas de gens qui meurent de froid. Je trouve que mourir de froid, tout seul, dans un fossé, est une horreur. A partir de là, c'était automatiquement un film sur les vagabonds en général. C'est une nouvelle génération de vagabonds et de sans abri qui ne sont pas les clochards d'avant, mais des plus jeunes qui prennent simplement la route. On a eu les routards des années 68, mais il y a une nouvelle génération, beaucoup plus jeune, pas littéraire, pas intellectuelle comme Kérouac et ceux qui partaient par idéologie, mais des jeunes qui se sentent rejetés, ou qui sont des rebelles, mais sans cause, et qui réagissent par le refus. Il y a donc deux sujets dans le film: mourir de froid, et puis le refus. Mon projet était de faire une enquête pour raconter le passage d'un personnage de ce type parmi les habitants de cette région que je connais. Il ne s'agit pas du tout d'un documentaire, mais d'étudier l'effet que produit un personnage qui ne veut rien sur des gens qui représentent la France profonde, très attachée à ses traditions, dont certaines sont: le travail, la propreté, l'honnêteté, la famille, et, à la limite, la patrie. Donc, quelqu'un qui rejette tout ça suscite des réactions. D'où ces portraits par réfraction, ces miroirs à plusieurs faces. Ces gens se définissent en parlant d'elle. L'errance et la saleté sont des sujets qui me fascinent. La propreté est devenue une sorte de valeur. On veut bien des pauvres mais à condition qu'ils soient propres. Les gens sont obsédés par la propreté. Regardez l'industrie florissante des déodorants, qui est relativement récente. Avant, on aimait les odeurs. Beaucoup de très beaux livres ont été écrits sur le propre et le sale, sur l'histoire de la saleté. C'est un sujet tout-à-fait intéressant. Voilà le point de départ. Evidemment, je me suis énormément promenée dans le Midi pour repérer les lieux et les gens, pour préparer les personnages qu'on rencontrerait au fil du tournage, les garagistes, les paysans, etc. Et dans ces errances que j'ai faites moi-même, quelquefois à pied, quelquefois en voiture, pour voir comment on accède à un village, ce qui se passe quand on frappe à la porte d'une ferme... un jour, par exemple, j'ai été attaquée par un jars... Ils m'ont reçue en lâchant le jars...

Q. Vos personnages sont donc basés sur des personnes réelles.

R. Ce n'est pas un documentaire, mais ce sont des personnages réels. Ce sont des gens qui jouent leur propre rôle, leur propre situation économique et sociale. Le garagiste est un garagiste, le paysan est un paysan. Evidemment, le texte, c'est moi qui l'ai écrit. C'est un film qui est complètement écrit. Au cours de mes errances, et parmi quelques autostoppeurs ou autostoppeuses que j'ai pris, il y a eu une fille qui m'a impressionnée plus que d'autres, et c'était Settina. Nous l'avons rencontrée sur la route, mais à ce moment-là nous étions dans le Midi en train de repérer les lieux. C'était une fille comme ça, seule, sale et rebelle. Je pense que si je n'avais pas rencontré Settina, le personnage de la fille n'aurait pas été aussi important. Il y aurait eu d'autres filles, et des garçons, le scénario aurait été à deux ou trois personnages. Mais j'ai été frappée, impressionnée par cette fille. La rébellion totale, la totale solitude, la totale indépendance, c'est plus rare quand même chez les filles.

Q. Elle a refusé, en fait, d'être secourue...

R. Elle n'est pas définie par la liberté, elle est définie par le refus. Elle est marquée par le refus de tout ce qu'on lui propose. Elle est un peu existentielle, existentialiste: ici, maintenant, manger, dormir.

Q. Elle fait penser à *L'Etranger* de Camus.

R. C'est ça, on y pense un petit peu. Oui, *L'Etranger* de Camus, et la vérité qu'on trouve dans certaines pages de Sartre, dans *La Nausée*, par exemple. Mais évidemment, ce n'est pas un personnage littéraire.

Q. Tout de même, elle aime la nature...

R. Non, ce n'est pas elle, c'est moi. C'est moi qui admire ces paysages que j'aime. Mais vous remarquerez, et ça m'a frappée chez les vagabonds, l'amour de la nature est un luxe de riche. Je n'en ai jamais entendu aucun dire "c'est beau", ou "j'ai choisi ce coin parce que la vue me plaît"... jamais! Elle s'arrête n'importe où.

Q. Elle n'arrête pas de marcher, surtout. Elle ne sait pas où elle va...

R. Il ne faut pas faire de parapsychologie sur un film qui ne se veut pas psychologique. Il essaie simplement de donner à voir le comportement personnel et social d'une fille sur la route. Le film ne contient pas de commentaire. Evidemment, il n'est pas vraiment objectif, puisque la totale objectivité n'existe pas. Mais j'essaie de ne pas "en rajouter", si j'ose dire, par une attitude qui impliquerait un jugement, de la part de moi l'auteur.

Q. Cette fille dérange ceux qui la rencontrent.

R. Oui, elle déroute, elle dérange, et les gens qui parlent d'elle la jugent. Il y a ceux qui disent: "elle est sale", puisqu'elle ne peut pas se laver, et puis il y a ceux qui disent "elle est libre", parce qu'elle représente aussi un fantasme. Elle n'est pas la liberté, mais elle représente un fantasme de n'avoir rien, de n'être attaché à rien.

Q. Vous avez souvent employé le terme "nulle part", et à propos d'autres films également.

R. Je l'ai employé dans des cas très précis, et en particulier à propos de deux films que j'ai tournés récemment à Los Angeles. L'un s'appelait *Murs Murs*, et c'était un documentaire sur les peintures murales de Los Angeles. C'est un film "extraverti", si j'ose dire. Il s'agit d'une ville qui se montre, qui s'affiche. L'autre film s'appelle *Documenteur*, qui est un jeu de mots. Ce second film est l'ombre du premier. Il filme Los Angeles comme si c'était nulle part. *Murs Murs* et *Documenteur* racontent les deux faces de Los Angeles. D'un côté la face luxuriante, de l'autre de façon tout-à-fait terne et discrète, sans aucune couleur, sans aucun soleil, donc c'est nulle part, c'est une terre d'exil. Donc, si vous voulez, ce sujet de nulle part et de l'exil m'intéresse dans plusieurs films. Dans ce cas de *Sans toît ni loi*, c'est le personnage qui s'impose, c'est donc celui de la femme dans la société. Une femme qui rôde toute seule, on la remarque d'abord comme une femme qui n'a pas de compagnon. Elle est "sans", elle est perçue en "manque". Quand vous voyez un garçon seul, vous ne dites pas "tiens, il n'a pas de petite amie", mais elle, elle n'a pas de protecteur, elle n'a pas d'ami, elle n'a personne sur qui compter.

Q. Peut-être que c'est un signe des temps, que la femme ayant atteint l'âge adulte a aussi acquis le droit à la solitude, et même à la limite, le droit d'être clocharde.

R. Des femmes seules, il y en a toujours eu. Au Moyen-Age, en particulier, il y avait des clochardes. Mais je pense que le fait d'en avoir tant est un phénomène relativement récent. C'est une question de quantité, et surtout des filles très jeunes.

Q. C'est donc un phénomène social.

R. Oui, j'ai essayé de ne pas être influencée par la mode, par les temps récents. Il m'a semblé plus intéressant de considérer que ça venait de très loin. Et pour en revenir à la jeune fille que nous avons rencontrée, cette fameuse Settina, elle a été un élément d'information, et particulièrement par ses bottes. Je les lui ai échangées contre des souliers neufs et je les ai fait copier. Pour un film qui dure huit semaines, l'actrice use deux paires de bottes. Je les ai donc fait copier deux fois, et dans l'état où elles étaient: retournées, usées.

Q. Et l'épisode à la fin du film où Mona est agressée par des villageois, est-ce vraiment arrivé?

R. Le film est complètement une œuvre de fiction mais ça n'empêche pas l'auteur de se renseigner. Il y a un village dans la région de Montpellier, où une fois par an, pendant une fête, on a la permission de se salir. On a le droit de salir les gens avec de la lie de vin. Il y a donc le thème de la salissure, et puis la lie de vin est liée au vin et à la vigne dans laquelle Mona se promène, au vin dont elle s'enivre à la fin du film. J'ai cherché tout ce qui, dans cette région, pouvait rentrer dans l'entrecroisement des thèmes, y compris le thème du refus, considéré par les autres comme une forme de liberté. C'est une région peu connue, avec de très beaux paysages en hiver. Le village s'appelle Curnonterral, cette fête est peu connue, mais on y pratique effectivement encore ce rite extrêmement sauvage que nous avons reconstitué, d'après les événements que j'ai vus.

Q. Pouvez-vous redéfinir, rétrospectivement, la Nouvelle Vague?

R. Eh bien, on m'a dit que j'étais la mascotte de la Nouvelle Vague. J'ai fait mon premier film en 54, très librement, avec ce qu'on appelait la caméra stylo, c'était une écriture de cinéma. La Nouvelle Vague, pour moi, c'est quelques pionniers du cinéma d'auteur. Ce sont surtout des gens jeunes qui ont fait des films pas chers, et grâce à ce pas cher, on a connu une variété d'écritures et de sujets qu'on n'avait jamais vus auparavant. Il y a eu une profusion de jeunes metteurs en scène tout-à-fait extraordinaires entre 1960 et 1970, une floraison, un bourgeonnement remarquable de nouveaux talents, dont certains sont restés: Godard, Truffaut, Resnais. Les "vieux" de la Nouvelle Vague continuent à tourner de manière tout-à-fait intéressante. Le cinéma d'auteur est une entreprise très difficile parce qu'il y a de moins en moins de gens qui prennent des risques.

Q. Avez-vous quelquefois profité de "l'avance sur recette" dont bénéficient en France les jeunes cinéastes?

R. Oui, c'est une mise en route qui permet de tourner, alors qu'autrement ce serait impossible. Nul doute que ce système français d'aide au cinéma a favorisé le cinéma d'auteur. Cela a même été déterminant. Faute d'un système de ce type, il y a moins d'auteurs en Amérique, et moins d'auteurs jeunes, ou alors ils sont obligés de travailler dans "l'underground", et ils n'ont pas de reconnaissance publique comme nous en avons pour nos cinéastes. *Cléo de cinq à sept*, il y a un million de Français qui ont vu ce film. Cela fait beaucoup de monde! *Sans Toît ni loi* a bien marché aussi. Pourtant c'est un sujet très dur, très fermé, et je suis étonnée qu'il ait eu ce succès. Mais pour ce qui est des sujets de civilisation, je suis frappée de constater que le cinéma français ne reflète pas vraiment la France. Il reflète plutôt la psychologie, le point de vue français sur l'amour. Il y a peu de films sur la campagne française, quand vous pensez par exemple à l'Amérique avec tous ses westerns, sa campagne et ses paysages. A part *Martin Guerre*, il est difficile de citer un film français intéressant qui se soit tourné à la campagne. Notre cinéma est très urbain. Alors, après avoir passé quelques années aux Etats-Unis, j'avais envie de filmer des paysages français. Il ne s'agit pas d'un décor, mais *Sans Toît ni loi* reflète vraiment la réalité de cette région avec ce mélange de bourgeoisie du Gard et de l'Hérault, qui est en général protestante, qui est ancienne, qui a de beaux meubles. Et puis, il y a les paysans, les paysans de toujours, ceux qui sont le long des routes, les maçons, les cafetiers, les garagistes, tous les gens que Mona a pu rencontrer en marchant le long des routes, pas en entrant dans les maisons. C'est profondément une France un peu neutraliste, un peu conservatrice. Et puis, il y a les platanes, et ça, c'est la réalité, ils sont réellement en train de mourir. Je les ai filmés comme j'aurais fait un documentaire, car je suis réellement passionnée d'arbres, et les platanes sont vraiment en grand danger. Le documentaire a été introduit dans la fiction par le jeu d'un personnage platanologue. C'est une réalité que j'observe comme si j'allais faire un documentaire. Ensuite, j'écris une fiction. Comment traiter cette réalité au cinéma, voilà ce qui m'intéresse. Le film ne donne pas l'impression d'être un documentaire, et pourtant il a la texture d'un documentaire. Mais sa structure profonde, marquée par ses grands travellings, par cette marche, est abstraite, et le témoignage qui s'y insère articule le récit d'une toute autre façon. Donc, j'essaye de me démarquer, comme auteur, par la structure d'un récit, en déstructurant le récit pour le restructurer comme artiste, par le choix des colorations, des tons. Pour le dialogue, j'écoute les gens et ce qu'ils disent, c'est le résultat de mes ballades et de mes rencontres, donc je mélange les approches qui sont plutôt uniques, un peu différentes de l'ordinaire.

Q. Avez-vous quelquefois la tentation de vous représenter vous-même par l'intermédiaire de certains personnages?

R. Oui, on a dit que j'avais moi-même pris une jeune fille en stop, mais je ne m'identifie pas à un personnage particulier. Je m'identifie aussi à une vieille dame, à une domestique, au fond je suis un peu tout le monde. Mais ce qui me touche le plus, c'est le Tunisien avec son témoignage muet. Je suis très fière d'avoir eu cette idée de montrer un témoignage muet. Je peux dire que je m'identifie avec des émotions diverses à l'intérieur. Je m'identifie complètement au film et pourtant je ne suis pas quelqu'un de négatif. Peut-être parce que je suis une marginale qui a toujours un peu dérangé.

Paris, juin 1986.

Le bonnet phrygien est resté l'emblème à la fois de la Révolution et de la République, de la liberté et de l'égalité. L'esclavage fut aboli (mais pas de manière définitive) consécutivement à la Déclaration des Droits de l'Homme et du Citoyen, comme le proclame ce médaillon de l'époque révolutionnaire.

© E.R.L./Sipa Icono

6. Maurice Agulhon

Le nom de Maurice Agulhon est synonyme de village méridional, d'histoire sociale et de symbolisme républicain. Cet homme du terroir, patient et obstiné, ce "vagabond" impénitent des bibliothèques et des archives a suivi dans ses ouvrages les grands moments et les périodes sombres de l'apprentissage de la démocratie en France. Historien des "mentalités", inventeur de l'ethno-histoire ou de la "sociabilité politique", il nous fait découvrir à travers les fontaines, les mairies, les écoles et les cafés de village des symboles qui renvoient aux étapes successives de la politisation et de la laïcisation de la province française. Ses titres en témoignent: *Une Ville ouvrière au temps du socialisme utopique: Toulon; La République au village; Les Quarante-huitards; Marianne au combat*; Histoire vagabonde*, dernier ouvrage paru, en deux volumes, chez Gallimard.

La République, en France, n'est pas séparée de la tradition révolutionnaire. C'est dire qu'elle est chargée de passion, d'idéologie, de mythe. Maurice Agulhon la résume ainsi: "La République a été à la fois une souveraineté nouvelle contre des monarques réels, une religiosité virtuelle contre la religion établie et une force populaire contre les dominants sociaux". Triple vocation, donc, que valorise l'auteur qui

---

* Publiés respectivement chez Mouton (1970); au Seuil (1979); chez Gallimard (1975) et chez Flammarion (1979).

applaudit chaque fois que la République est proclamée; le 21 septembre 1792 pour la Première République, le 24 février 1848 pour la Deuxième République, le 4 septembre 1870 pour la Troisième République, qui durera jusqu'au 10 juillet 1940. C'est à partir de 1876 qu'une majorité républicaine a existé en France, c'est à partir de 1879 que la Révolution Française est finalement accomplie. La construction de la Tour Eiffel et l'Exposition Universelle de 1889 marqueront le premier Centenaire comme la Pyramide du Grand Louvre et l'Arche de la Défense rappelleront le Bicentenaire récemment célébré.

Si nous en croyons Maurice Agulhon, la sacralisation de la République est un phénomène culturel de gauche qui valorise non un simple système de gouvernement, mais le "bien" en politique, le "civilisé" dans la vie de la cité. Car la République a été longtemps contestée, menacée, vilipendée. Elle a combattu, elle a résisté, elle a vaincu. Il lui en reste une auréole, une gloire, un mystère aussi. Pour son deux centième anniversaire, elle a fini par rassembler presque tous les Français, avec plus ou moins d'enthousiasme, il faut le dire.

Maurice Agulhon a été le mémorialiste méticuleux et passionné de chaque étape, de chaque fragment d'histoire, de chaque événement. Il se plaît à recenser, à trier, à scruter les archives locales, les correspondances privées, les allusions littéraires, les trésors des brocanteurs pour reconstituer, telle un puzzle, la vie d'un village ou d'une région, rouge ou blanche, laïque ou cléricale. L'originalité de son oeuvre est de mêler les relations intersociales, la sémiotique historique et la technique du chartiste pour brosser le portrait contrasté et dynamique d'une France en cours de démocratisation.

Dans *Histoire vagabonde* (1988), qui porte en sous-titre: *Ethnologie et politique dans la France contemporaine*, nous traversons à la fois la géographie et l'histoire, nous rencontrons les "mentalités" au niveau de l'imagerie civique et du décor urbain, nous voyons les références historiques transformées en symboles idéologiques. Conflits et contradictions, dualité fondamentale que concrétisent de façon presque caricaturale les valeurs de l'Ancien Régime opposés à celle de la République, tout cela remonte à la formation même du territoire français devenu Nation en 1789. Dès l'invasion des Francs (4e siècle), l'aristocratie francque se démarque des apports romains et méditerranéens. Plus tard, les pays de langue d'oïl se différencieront des pays de langue d'oc, l'efficacité guerrière s'opposera à la joie de vivre des troubadours, l'humanisme s'opposera au cléricalisme, comme enfin la laïcité au catholicisme. C'est ce perpetuel aller-et-retour entre deux conceptions du monde et de la société, transformé et rénové de siècle en siècle, qui aboutit à la complexité extrême du XIXe, point de rencontre d'évolutions parallèles, et pas nécessairement convergentes, depuis le Moyen-Age. Le chapitre sur la "Statuomanie", celui sur le statut des animaux et sur "le sang des bêtes", sont à cet égard passionnants. Les timbres-poste eux-mêmes n'ont pas échappé aux enjeux idéologiques au moment de la passation de pouvoir entre Valéry Giscard d'Estaing et François Mitterrand. La représentation symbolique de la République française est traditionnellement une femme coiffée du bonnet phrygien. Le bonnet phrygien avait été supprimé sur les timbres sous le septennat de M. Giscard d'Estaing (1974-1981). "La suppression simultanée du mot de République et du bonnet phrygien, écrit Maurice Agulhon, était une agression symbolique caractérisée. Aussi, l'un des tout premiers actes du gouvernement nommé par le président Mitterrand (élu le 10 mai 1981), a-t-il été de rétablir sur le timbre-poste et le mot de République et la tête de femme à bonnet rouge"*.

Rien n'est simple en France, on le voit. Le rôle centralisateur de l'Etat est là pour opérer la nécessaire synthèse entre tous les courants d'allégeance et de pensée. C'est pourquoi, la décentralisation progressive des structures administratives s'opère-t-elle avec prudence, par crainte

---

* Valéry Giscard d'Estaing avait choisi, pour représenter la France, la tête d'une des Sabines du tableau de David *l'Enlèvement des Sabines*. François Mitterrand a choisi la tête de *la Liberté guidant le peuple* du tableau de Delacroix. Toute une symbolique résumée ici.

de blocages possibles au niveau des divergences régionales. Voilà pourquoi aussi le temps est un facteur crucial. Aujourd'hui, Marianne est au pouvoir depuis plus d'un siècle, les anciens antagonismes peuvent se transformer en large **consensus**. Maurice Agulhon en est l'observateur attentif et précis. Nous ne pouvons qu'attendre avec impatience son prochain ouvrage qui sera *Marianne au pouvoir: l'imagerie et la symbolique républicaines de 1880 à nos jours*, faisant suite à *Marianne au Combat*. Il nous révélera les dessous du mélange moderne de goûts traditionnels et d'idées nouvelles, un certain métissage idéologique dans lequel Jeanne d'Arc, Sainte Marie et Marianne feraient bon ménage, où les communes de France auraient tiré le meilleur de l'instituteur et du curé pour constituer un folklore inédit; les souvenirs napoléoniens y côtoieront ceux de la Grande Guerre et de la Résistance. Aujourd'hui, l'essentiel de la communauté se déchiffre à l'école et à la mairie, Valmy et Verdun s'estompent au profit de Strasbourg et de Bruxelles*. Qui s'en plaindrait? Mais attendons la suite...

---

* **Valmy** : la première victoire des armées de la République, commandées par les généraux Dumouriez et Kellermann contre les Prussiens, le 20 septembre 1792, en Champagne. Une des grandes dates du calendrier républicain.

Verdun : ville des Ardennes défendue victorieusement à plusieurs reprises contre les offensives allemandes pendant la première guerre mondiale. Les pertes humaines furent considérables.

Stasbourg : capitale de l'Alsace. Siège du Parlement Européen. Symbole de la réconciliation franco-allemande.

Bruxelles : capitale de la Belgique et siège de la Communauté Economique Européenne (CEE) appelée aussi Communauté des Douze.

MAURICE AGULHON

Q. Pouvez-vous nous dire si le Bicentenaire de la Révolution Française, que nous sommes en train de célébrer, peut se faire dans une certaine unanimité, ou bien cette Révolution est-elle destinée à conserver une image négative pour certains Français, et pour beaucoup d'étrangers?

R. D'abord, nous célébrons 1789. Quatre-vingt-neuf c'est, si l'on veut, la date initiale du processus révolutionnaire, et c'est en même temps la date la plus importante puisque c'est celle de la rupture avec les principes et les institutions de l'ancienne monarchie. C'est aussi le point de départ des principes modernes de souveraineté du peuple, d'égalité devant la loi, de limitation du pouvoir royal par une constitution, toutes choses sur lesquelles on ne reviendra pas. Il y a d'ailleurs bien d'autres décisions qui ont été prises en 1789 et sur lesquelles ont n'est jamais revenu: des notions aussi fondamentales que l'abolition des privilèges, des choses aussi concrètes que la suppression des anciennes provinces et la division administrative de la France en départements et communes. C'est donc une date très importante et on pourrait dire que tout l'acquis en est réalisé dès la fin de l'année 1789.

Le problème, c'est que certaines des réformes qui nous paraissent aujourd'hui tout-à-fait naturelles et familières, ont été contestées, se sont heurtées à des résistances, et ces résistances ont enclenché très vite un processus de guerre civile avec le départ de certains des anciens privilégiés pour l'étranger - l'Emigration - avec des complots et des intrigues diverses. Finalement, en liaison assez étroite avec des conflits intérieurs, est intervenue la guerre contre les puissances monarchiques européennes. Et au travers de toutes ces difficultés, il y a eu un processus de violence et de radicalisation de la Révolution elle-même.

C'est le processus qui a amené peu à peu la deuxième étape, celle de 1792, avec le renversement du pouvoir royal, la proclamation de la République, et une place plus grande faite au peuple dans les institutions. On peut, en faisant référence à la nature des forces sociales impliquées, considérer que la Révolution de 1789 est une révolution bourgeoise, parce qu'il y avait une certaine méfiance à l'égard des classes populaires, un refus de donner le droit de vote aux plus pauvres, etc. Au contraire, la révolution de 1792, l'établissement de la République peut être considéré comme plus démocratique, plus populaire.

La question qui se pose souvent aujourd'hui, bien qu'elle soit un peu formelle, un peu artificielle, c'est de savoir quelle est la nature du lien entre l'étape de 1789 et celle de 1792. Certains considèrent que 1789 est tout-à-fait essentiel, et que la tournure prise en 1792 est une sorte de déviation, donc une tournure mauvaise. D'autres considèrent que 1792 était de toutes façons inévitable puisqu'entraîné par le processus de défense des principes de 89 en réponse à la contre-révolution. Ceux-là ajoutent qu'en 92 ont été posés un certain nombre de nouveaux principes qui, finalement, à distance, nous paraissent également positifs. Après tout, c'est en 1792 qu'a été établi le principe du suffrage universel, et après tout nous vivons aussi sous ce principe.

Cependant, les choses ont continué: il est certain qu'après 92, il y a eu 93, il y a eu 94, que l'on appelle désormais l'An II dans le calendrier républicain, avec des difficultés accrues, tenant, là encore, à la guerre civile et à la guerre étrangère. Une nouvelle étape, un nouveau processus de radicalisation a substitué à la démocratie une manière de dictature, avec des procédés de répression parfois expéditifs, connue sous le nom de Terreur. Et c'est surtout cela qui fait problème aujourd'hui. Sur la Terreur, et sur la période de dictature jacobine de 1793-An II, il y a en France des opinions très contrastées. Certains souhaitent qu'on la repousse comme étant une préfiguration des dictatures totalitaires d'époque plus récente, d'autres insistent plutôt sur des explications qui constitueraient autant d'excuses. A une certaine époque, la dictature jacobine de l'An II a été valorisée comme une sorte de préfiguration et de justification de la dictature du prolétariat à la manière des Bolcheviks russes, dans une période où certains en Occident les voyaient avec sympathie. Voilà les problèmes: 89, 92, 93 (An II). Comme vous le voyez, ils ne sont pas simples, car ils représentent autant d'étapes, autant de modèles et autant de différences d'interprétation.

Q. Pensez-vous que nous arriverons à l'époque où les Français vont être capables d'assumer leur propre histoire et de se réconcilier à propos de Robespierre, de l'exécution de Louis XVI, etc. ou bien la France risque-t-elle d'être coupée en deux longtemps encore?

R. Je constate, comme vous, qu'il n'y a pas de réconciliation imminente. Je veux dire qu'il y a toujours des controverses autour de la Terreur, autour de la mort du roi, autour de la personnalité de Robespierre et de quelques autres. Ces controverses qu'on pouvait croire, il y a quelques années apaisées ou limitées au petit monde des historiens et des idéologues, montrent leur vivacité et leur extension à en juger par le nombre d'ouvrages, d'articles de journaux, de polémiques qui renaissent à l'occasion du Bicentenaire. Donc, pour les événements de 92-93 (An II), je ne pense pas qu'un consensus entre Français soit proche. Il devrait, en revanche, me semble-t-il, être possible sur 1789, puisqu'en somme, en 1789 on n'a pas tué le roi, on l'a même beaucoup acclamé. Les révolutionnaires de l'Assemblée Constituante ont mis beaucoup d'espoir en Louis XVI malgré ses réticences évidentes à accepter les premières réformes, et puis, de toutes façons, ce qui reste d'essentiel de 1789, à savoir la Déclaration des Droits de l'Homme et du Citoyen, l'Abolition des Privilèges, l'égalité de tous devant la Loi, etc. ce sont des choses qui font à peu près l'unanimité en France. Il n'y a, je crois, personne dans la France d'aujourd'hui pour dire que la Déclaration des Droits de l'Homme soit une mauvaise chose, et proclamer qu'il faudrait revenir aux principes et aux institutions de l'Ancien Régime. Le thème des Droits de l'Homme, du reste, et de leur défense, figure dans les programmes politiques et dans les discours quotidiens des principaux partis en France. Il y a donc là, autour du bilan de 1789, un consensus qui est "réalisé". La difficulté, on pourrait même dire l'énigme, c'est que ce consensus ne soit pas vraiment "reconnu", mais les choses vont peut-être changer.

Q. Dans vos cours magistraux et dans les nombreux livres que vous avez consacrés à l'histoire de la République, vous avez souligné le fait que les principes de 1789 se sont réenracinés en France en 1830. Cette deuxième révolution, qui est tout de même un échec, n'a donc pas un bilan négatif?

R. Eh bien, non! Mais il faut dire, d'abord, que la contre-révolution de 1814, connue sous le nom de Restauration, et symbolisée par le drapeau blanc, a été assez limitée. L'essentiel des institutions établies en 1789 et par Napoléon a été maintenu, et avec elles tous les principes de droit public, l'abolition des privilèges, l'égalité devant la loi, la représentation nationale. Mais officiellement, l'oeuvre de la Révolution était réputée mauvaise, et c'est cela que la reprise du drapeau blanc au lieu du drapeau tricolore avait voulu symboliser en 1814. Le changement survenu en 1830 a consisté, à l'inverse, à rétablir le drapeau tricolore et à réaffirmer que la Révolution de 1789 avait ouvert la bonne voie. Au lieu d'être réprouvée officiellement, comme elle l'avait été entre 1814 et 1830, elle fut de nouveau mise à l'honneur et reconnue officiellement comme un point de départ. A cet égard, 1830 ouvre donc une ère de reconnaissance du primat de 89 qui n'a plus jamais été interrompue, même sous Napoléon III. Le gouvernement de Vichy est à cela sans doute la seule exception. Dans l'ordre symbolique, comme dans l'ordre idéologique, la révolution de 1830 est donc une date importante. Il y en a d'ailleurs des marques concrètes: dans la Charte de 1814, il était dit que le catholicisme était la religion d'Etat. Cette disposition, tout-à-fait contre-révolutionnaire dans son principe, a été abolie par la révision de la Charte de 1830. En 1830, on est revenu au principe de la laïcité de l'Etat, et on n'en est plus jamais sorti. A d'autres égards, il est vrai, la révolution de 1830 a été plus timide, puisqu'elle n'a pas aboli la monarchie. On s'est contenté de changer de famille royale. On est passé des Bourbons aux Orléans, et d'autre part on a un peu élargi le droit électoral mais sans aller jusqu'à l'étendre à tout le peuple. C'est la raison pour laquelle la révolution de 1830, ayant été socialement timide, est aujourd'hui méprisée, parce que, dans l'esprit de beaucoup de gens, il n'y a que le social qui compte, on ne jure que par le social. Or, je crois que l'idéologique et le symbolique comptent aussi beaucoup, que ce sont des facteurs historiques réels. C'est dans cette perspective que je suis de ceux qui ont essayé de rappeler l'importance trop oubliée de la révolution de 1830. Vous savez qu'on l'appelle aussi usuellement le Révolution de Juillet, parce qu'elle s'est passée dans les journées des 27, 28 et 29 juillet 1830 (dites "les trois glorieuses", c'est-à-dire les trois glorieuses journées). C'est ce que commémore et matérialise l'un des plus importants monuments de Paris, la Colonne de Juillet, sur la Place de la Bastille, surmontée d'un génie de la liberté, surnommé "Génie de la Bastille".

Q. Ensuite, évidemment, il y a eu d'autres soulèvements. Vous avez beaucoup écrit sur 1848, sur les "Quarante-huitards", puis sur les Communards (ou "communeux" comme on les appelle quelquefois). Pourriez-vous faire un bilan rapide de la manière dont la notion de république a avancé, de révolution en révolution, par des à-coups qui ont été sanglants, qui ont été réprimés, mais qui malgré tout ont consolidé à chaque fois un certain idéal démocratique?

R. Eh bien le règne de Louis-Philippe d'Orléans, établi en 1830, a été renversé par une nouvelle révolution en 1848. Là encore, pour tout un ensemble de raisons, le régime était devenu conservateur et hostile à toute réforme, en particulier à l'élargissement du droit de vote. Quoi qu'il en soit, le 24 février 1848, il y a eu une nouvelle expérience de république, la Deuxième République, qui a duré de 1848 à 1851. Pourquoi n'a-t-elle pas réussi à durer davantage? Il serait trop long de le rappeler ici. Ce qui est sûr, c'est que le coup d'état de Louis Napoléon Bonaparte a établi une dictature puis, après une année, un second empire. Le Second Empire constitue une nouvelle expérience, une nouvelle tentative de monarchie constitutionnelle qui, elle aussi, a échoué, pour des raisons cette fois de politique extérieure, à la suite de la défaite subie ignominieusement face à la Prusse en 1870, notamment à la bataille de Sedan. La république a donc été rétablie une nouvelle fois, celle-là définitive, le 4 septembre 1870.

C'est donc la Troisième République qui a fini par durer, alors qu'aucune restauration monarchique ou dynastique n'avait réussi à se réimplanter. C'est ainsi que la République est devenue, depuis une centaine d'années, le régime définitif des Français. C'est ici que les choses se compliquent. Car on peut dire qu'après une dizaine d'années d'incertitude et d'extrême tension, entre 1870 et 1879 (1879 étant l'année où le maréchal de Mac Mahon quitte le pouvoir et où le premier homme d'état républicain est élu président de la République, à savoir Jules Grévy) le régime se trouve reconnu dans toute la France, mais avec deux sortes de partisans. C'est cette situation qui est curieuse, qui est, si l'on veut, très française, et sur laquelle il convient d'insister. Il y a, en effet, depuis cette époque, des gens qui sont dans la "tradition républicaine", qui se sentent les héritiers de ceux qui se sont battus pour la République, qui la voulaient pour elle-même, et puis il y a ceux qui ont accepté la République une fois qu'elle a été établie, on pourrait presque dire qu'ils s'y sont résignés, et qui par conséquent y investissent beaucoup moins d'affectivité, et aussi beaucoup moins d'exigences. Ces républicains de résignation qui constituent ce qu'il est convenu d'appeler la "Droite", sont sincèrement républicains, mais ils pensent que, pour être un bon républicain, il suffit d'être, comme eux, hostile à la monarchie, hostile à la dictature, et partisan d'un état de droit, ce qui est la moindre des choses. Tandis que les héritiers des véritables fondateurs de la République, et des combattants du dix-neuvième siècle, qui forment ce qu'il est convenu d'appeler la "Gauche", pensent que la République implique, en plus, un certain nombre d'attributs: un jugement positif sur la Révolution Française, qui est le point de départ de tout cela, une extrême vigilance à l'encontre de l'Eglise en faveur de la laïcité, une attention peut-être un peu plus grande aux problèmes sociaux, et la volonté de mettre au compte des devoirs de l'Etat une certaine dose de mieux-être social. On peut donc distinguer la tradition de droite et la tradition de gauche par la définition qu'elles donnent de l'idée qu'elles se font de la République.

Q. Peut-on différencier aussi aujourd'hui la France du Midi et la France du Nord, en matière politique? Il semblerait, d'après vos travaux, que le sud serait à la fois plus laïc et plus républicain que le nord.

R. Avant de répondre sur ce point, j'aimerais préciser que je viens d'énoncer des vérités applicables à la période qui va du dernier tiers du dix-neuvième siècle jusque vers le milieu ou le deuxième tiers du vingtième. Cela veut dire que depuis un certain nombre d'années, depuis une vingtaine d'années peut-être, les choses ont beaucoup changé, aussi bien du point de vue de la "géographie" intellectuelle, de la "géographie" symbolique, que de la géographie électorale. La géographie électorale traditionnelle était, dans une assez large mesure, une géographie religieuse: les régions où le catholicisme était le plus fort, celles où il y avait le plus de fidèles, étaient aussi celles où la république était le plus mal accueillie. La république a été le mieux accueillie et le mieux implantée dans les régions les plus déchristianisées et les moins fidèles à la religion catholique. Quant à la distinction entre le Nord et le Midi, c'est un peu différent. En réalité, dans toute la France, les villes ont été républicaines plus tôt que les campagnes, surtout les grandes villes. Mais en même temps, dans une partie de la France méridionale, des régions rurales entières se sont radicalisées elles aussi. La coupure politique entre villes avancées et campagnes conservatrices a duré plus longtemps dans la moitié nord de la France que dans le Midi, où, dès le début de la Troisième République, en Provence par exemple, il y avait des villages

98

républicains. C'est à cet égard que le Midi, ou certaines régions du Midi, le Midi méditerranéen surtout, eut quelques éléments d'originalité. Mais on ne peut pas opposer globalement le nord et le sud.

Q. Vous avez consacré un livre à l'histoire de *Marianne au combat* (*l'imagerie et la symbolique républicaines de 1789 à 1880*). Pouvez-vous expliquer le rôle de Marianne comme symbole à la fois de la République et de la Liberté?

R. La question de la représentation visuelle du régime, et celle du folklore constitué autour d'elle, sont beaucoup moins importantes que les questions fondamentales que nous venons d'évoquer. Cela dit, Marianne est un surnom, un sobriquet d'origine populaire assez ancienne, méridionale, semble-t-il, en tout cas énigmatique, dont on a fort peu de chances de trouver la trace d'une décision d'invention. Cette représentation symbolique a eu beaucoup de succès, mais elle n'a jamais été officielle dans tous ses aspects ni dans tous ses emplois. La seule chose qui ait été officielle, ce fut lorsque la République a été proclamée pour la première fois le 21 septembre 1792, la décision de changer le sceau de l'Etat. La Convention a décidé de remplacer les armoiries de la monarchie par une figure de la Liberté et, conformément à l'iconographie classique, ce fut une femme portant le bonnet phrygien*. C'est par le biais de cette décision, à savoir que l'Etat français serait représenté par une figure féminine de la liberté, que la République Française a été représentée par une femme coiffée d'un bonnet phrygien, comme l'était la Liberté elle-même. La Liberté et la République ont donc eu le même attribut essentiel et spécifique, le bonnet phrygien, avec cette différence que, pour la Liberté c'était une tradition datant de la Renaissance, et remontant même à l'Antiquité, tandis que pour la République Française, elle ne date que de 1792. Cette

* La Phrygie est une région située au nord-est de la Grèce. elle connut une période de démocratie florissante entre le XIIe et le VIIe siècle avant Jésus-Christ.

histoire, comme je l'ai raconté dans l'ouvrage que je lui ai consacré, est dans le détail un peu plus compliquée. En effet, la Première République ayant été celle de la démocratie jacobine, puis de la Terreur, le bonnet phrygien a été un peu compromis par son association avec ces phases radicales et violentes de l'histoire. De sorte que, périodiquement, au cours du dix-neuvième siècle, il y a eu des tentatives pour représenter la République Française sans bonnet phrygien, avec, à la place, une couronne de lauriers, ou d'épis, ou d'étoiles, etc. afin de lui donner par là même un caractère modéré, sage, sinon conservateur. Mais ces tentatives ont fini par avorter, et à la fin du dix-neuvième siècle, il est admis que, quels que soient les souvenirs particuliers qui se sont attachés au bonnet phrygien, la tradition de la Révolution globale, celle de 1792, est la plus forte: la République Française se représente donc comme une femme ainsi coiffée. Cela a tellement fini par entrer dans les habitudes que la femme à bonnet phrygien, la "Marianne", a connu un nouvel avatar; elle a glissé progressivement de la représentation de la République à la représentation de la France elle-même. Depuis plus de cent ans que la France n'a jamais connu d'autre régime que républicain, à la seule exception du régime de Vichy, l'idée de France et l'idée de République Française ont fini par se rapprocher presque jusqu'à se confondre. Personne ne l'a jamais clairement décidé, mais cela est arrivé insensiblement, par la force des choses.

Q. A propos de symbolisme républicain, on dit parfois que l'image du président de la République, dans l'esprit des Français, porte en elle une certaine nostalgie du pouvoir monarchique. On remarque qu'il détient plus de pouvoirs que les autres chefs d'états occidentaux, et qu'il est entouré d'une grande pompe.

R. Oui, mais attention! Il faut faire une grande distinction entre avant et après 1958. Je disais tout-à-l'heure, à propos des traditions de la Troisième République, qu'on peut parler avec un certain recul et une certaine continuité de la fin du dix-neuvième siècle et d'une grosse moitié du vingtième, mais que, depuis quelques années, on voit les choses changer. La tradition républicaine ancienne était de se méfier du pouvoir personnel, et d'attribuer peu de pouvoirs pratiques au chef de l'Etat. Comme le Président de la Deuxième République, Louis Napoléon Bonaparte, élu en 1848, avait au bout de trois ans fait un coup d'état et s'était transformé en empereur, les républicains qui ont fondé la Troisième République l'ont fait avec une vigilance extrême contre le pouvoir personnel. C'est ainsi que sous la Troisième et la Quatrième République, les présidents ont eu des pouvoirs limités, l'essentiel du pouvoir politique reposant sur le Parlement par le biais du contrôle constant que les majorités parlementaires ont exercé sur le président du Conseil des ministres. De plus, la Troisième République a toujours eu soin d'écarter de la présidence de la République des hommes qui auraient pu en faire un usage personnel par leur forte personnalité. Ni Gambetta, ni Jules Ferry, ni Clémenceau, pour citer les cas les plus célèbres, n'ont été élus présidents de la République. Depuis 1875 jusqu'à 1958 (toujours la parenthèse de Vichy étant laissée de côté) la France a vécu sous un régime analogue à celui que nous voyons encore en Italie et en Allemagne Fédérale. Le président de la République y est un chef d'état honorifique, tandis que le véritable chef de l'exécutif est le président du Conseil des ministres, que l'on appelle en Allemagne le chancelier. C'est en 1958 que les choses ont changé en France avec le renversement de la Quatrième République, et l'établissement de la Cinquième, sous la pression du gaullisme et en faveur du général de Gaulle. Il ne s'agit donc pas d'une tradition séculaire puisque c'est de de Gaulle et de 1958 que date la primauté politique du président de la République en France. Ceci peut surprendre les étrangers, mais ce qui les surprend encore plus, sans doute, c'est le fait que les pouvoirs du Premier Ministre, c'est-à-dire du chef du gouvernement, étant mal précisés, il reste quelques incertitudes dans le partage des responsabilités majeures entre le président et le premier ministre. Pendant la période qui a suivi mars 1986, cette situation a alimenté les bavardages des journalistes et des politiciens sous le nom de "cohabitation"*.

Q. De Gaulle aurait peut-être répondu à une certaine nostalgie d'une France très ancienne, avec un homme fort, et très symbolique, à la tête de l'état?

R. C'est possible, mais ce serait au niveau de l'inconscient collectif, ou des mentalités, comme on voudra. Les propos que nous venons d'échanger sont d'ailleurs complémentaires. La tradition républicaine, en France, qui est surtout la tradition de la Gauche, avait une conception très limitative des pouvoirs du chef de l'Etat; aussi, l'idée de donner la véritable primauté au président est-elle une idée de de Gaulle, qui a représenté une véritable rupture. Si elle rejoint certaines tendances quasi monarchiques, ou implicitement monarchistes dans l'inconscient des Français, si cette notion d'inconscient collectif a un sens, c'est bien possible; ce changement a effectivement été accepté. Mais après tout, ce n'est pas scandaleux en soi, cela ne fait qu'aligner la France sur le modèle américain, qui est irréprochablement républicain. Ce qui fait problème, c'est le fait que la Constitution de la Cinquième République, inspirée par de Gaulle, a établi un président puissant, tout en maintenant un premier ministre officiellement chef du gouvernement et responsable de sa politique, de telle sorte que le partage des responsabilités et du pouvoir n'est pas bien réglé entre eux. De là la difficulté, surtout lorsque les deux hommes appartiennent à des courants politiques différents, comme cela a été le cas pendant deux ans.

Paris, mai 1987.

* Les élections législatives de mars 1986 ayant donné la majorité aux partis de Droite, le président Mitterrand s'est vu contraint d'appeler comme Premier Ministre M. Jacques Chirac. Aux élections de 1988, la Gauche a retrouvé une majorité relative.

7. René Girard

René Girard n'est pas seulement l'auteur d'un ouvrage au titre mystérieux et prometteur: *Des choses cachées depuis la fondation du monde* (Grasset, 1978). Depuis sa publication et celle d'une série d'essais intitulés *Le Bouc émissaire* (Grasset, 1982), leur auteur s'est imposé avec une tranquille autorité aussi bien aux Etats-Unis, où il enseigne, qu'en France, où il publie. Quant à ceux qui furent séduits à la fois par la rigueur exemplaire et la profonde originalité de la pensée girardienne avant même que les médias ne s'en soient emparés pour la révéler au grand public, ils se souviendront de ses magistrales interprétations de Stendhal, de Proust, de Camus et de Dostoievski, entre autres. Auteur de *Mensonge romantique et vérité romanesque* (Grasset, 1961), de *Dostoievski: du double à l'unité* (Plon, 1963) et de *Critique dans un souterrain* (Lausanne, L'Age d'Homme, 1976), René Girard fit une entrée très remarquée dans le domaine, pourtant bien gardé, de l'anthropologie, avec *La Violence et le sacré* (Grasset, 1972). Faisant éclater le cadre malthusien de la critique littéraire, il a rendu à la notion d'écriture son sens le plus ancien et le plus symbolique. Dans tous ses ouvrages, en effet, il ne cesse d'aborder de face la question fondamentale du désir, de la mimésis et du sacré, ordre fondateur à la fois de la religion et de littérature.

Lecteur infatigable de la Bible, il nous rappelle que c'est à elle que nous devons notre notion de justice, qui fonde la société occidentale, et aujourd'hui la société universelle. "Il n'y a plus que des régionalismes, explique-t-il, et notre culture, désormais, est une... Mais la Bible n'appartient à personne, à aucun peuple, puisque justement tous ceux qui se réclament d'elle, ou se considèrent comme ses représentants privilégiés ont failli par rapport à elle". Or, la Bible nous parle inlassablement de bourreaux, de victimes et de boucs émissaires. Elle nous parle de justice. De quoi donc d'autre est-il question aujourd'hui?

Peut-être faut-il être né en Avignon, avoir fait ses études à l'Ecole des Chartes, avoir enseigné dans toutes les régions des Etats-Unis, avoir fait des lectures critiques, philosophiques, anthropologiques de textes mythologiques, historiques et littéraires, pour découvrir, ou redécouvrir un principe simple, qui remonte dans la nuit des temps, et qui est pourtant plus actuel que jamais. Remonter aux temps immémoriaux, décrypter le langage, réfléchir sur ce que l'humanité a fait de sa liberté, telle est la démarche d'un prophète des temps nouveaux. Malraux avait prédit que le vingt-et-unième siècle serait religieux ou ne serait pas. La question, pour René Girard, est de choisir entre la religion primitive, par laquelle l'humanité se détruira ou la parole de l'Evangile grâce à laquelle la vie l'emportera sur la mort. C'est tout le sens de sa recherche et pour lui la réponse se trouve, non seulement dans la Bible, mais dans les grands génies de la littérature: Cervantès, Dostoievski, Proust, Virginia Wolf, Shakespeare. Aujourd'hui, la réconciliation de l'homme avec l'homme est-elle possible? La question est passionnante, la réponse, incertaine. Elle est particulièrement bien posée dans l'ouvrage le plus important de René Girard: *la Violence et le sacré*, publié aux éditions Grasset en 1972. Il s'agit là d'un texte fondamental dans le domaine des sciences humaines, et d'une avancée presque sans précédent dans l'étude des comportements qui transgresse, bien entendu, les clivages prescrits par chaque discipline: anthropologie, sociologie, critique littéraire, philosophie, psychologie. Il se donne pour objectif de découvrir, à travers les mythes, les grands textes de la littérature universelle, la Bible, les mécanismes de la violence, les origines du sacré et les liens qui, paradoxalement, les unissent. La première partie est consacrée à une définition et à une analyse du sacrifice, mettant en lumière l'analogie qui existe entre le sacrifice animal et le sacrifice humain. En effet, de même que le sacrifice est une violence de substitution dont le but, principalement préventif, est d'interdire le déchaînement d'actes de vengeance dans les sociétés dépourvues de système judiciaire, l'animal est un objet sacrificiel de substitution qui peut remplacer la victime humaine. Ainsi, dans la mesure où le sacrifice "empêche les germes de violence de se développer, il aide les hommes à tenir la vengeance en respect". Par conséquent, "la violence constitue le coeur véritable et l'âme secrète du sacré".

La question qui reste alors posée est celle de la victime, la "victime émissaire". Objet de substitution destiné à tromper la vengeance ou à la prévenir, la victime est toujours choisie parmi les individus marginaux ou extérieurs à la communauté: prisonniers de guerre, handicapés, orphelins. D'autres catégories fournissent aussi des boucs émissaires tout désignés: étrangers, enfants, adolescents, esclaves, et parfois le roi. Même s'il se situe en haut de la pyramide sociale plutôt qu'en bas, il est seul de son espèce, vénéré ou sacrifié pour le bien commun. Ce qui compte, dans le mécanisme victimaire, c'est que "une seule victime peut se substituer à toutes les victimes potentielles, à tous les frères ennemis que chacun s'efforce d'expulser".

La conclusion de René Girard est simple, mais bouleversante: "le religieux a le mécanisme de la victime émissaire pour objet; sa fonction est de perpétuer ou de renouveler les effets de ce mécanisme, c'est-à-dire de maintenir la violence hors de la communauté". Comment les mythes et les rituels prennent naissance au coeur de la "crise sacrificielle", comme le "désir mimétique" contribue à transformer en divinité une victime choisie en réalité au hasard, comment ce processus antique se perpétue et se reconvertit sans cesse jusque dans le monde moderne, tels sont les objets d'étude offerts par ce chef d'oeuvre de la science et de la littérature à la fois. Il a déjà eu des répercussions et une influence considérables, même parmi ceux qui préfèrent l'ignorer.

Que les dieux et les héros de l'antiquité soient en réalité des boucs émissaires transformés en objets de culte, que derrière la tragédie d'Œdipe se dissimule un épisode exemplaire du système sacrificiel, et que l'individualisme moderne ne soit en fait qu'un signe des temps dont le mimétisme est la cause, voilà ce que nous fait découvrir ce livre d'une densité et d'une érudition extrêmes, écrit pourtant avec clarté, et accessible à tous. D'autres ouvrages, comme *Des Choses cachées depuis la fondation du monde*, publié chez Grasset en 1978, sont venus compléter le tableau saisissant qui nous est offert de notre préhistoire, de notre histoire, de notre inconscient collectif et de notre destinée future. L'homme des cavernes nous apparaît dès lors non seulement comme notre père, mais comme notre double, un double qu'il appartiendra peut-être au vingt-et-unième siècle de transformer en profondeur.

RENÉ GIRARD

Q. J'aimerais tout d'abord vous demander de définir les rapports que vous établissez, ou que vous souhaiteriez établir, entre la littérature et l'anthropologie, et peut-être d'autres sciences.

R. J'aimerais peut-être parler d'abord des rapports entre l'anthropologie et la philosophie. Les rapports entre l'anthropologie et la culture en général, dans la perspective philosophique qui reste la nôtre, sont très mauvais. Quelqu'un comme Heidegger, par exemple, est toujours en train de remonter aussi haut qu'il peut dans la philosophie. Il remonte au pré-socratique et cette remontée est toujours passionnante, parce qu'elle nous entraîne vers des choses qui, selon moi, ressemblent de plus en plus à la religion primitive. A cette religion primitive que l'anthropologie, au sens universitaire du terme, ne discute plus, ou discute très peu. C'est à ce point charnière, où Heidegger s'arrête dans sa remontée philosophique, qu'à mon avis il faudrait remonter encore un peu, pour en arriver à la question du sacré, qui n'est jamais posée et qui, pour moi, est tout-à-fait fondamentale. C'est là que nous rejoignons la littérature, car il me semble que toute littérature, au fond, est une recherche du sacré, ou parle des rapports entre le désir et le sacré. Toute poésie, cela on le sait, est une remontée vers le sacré, est une recherche, une métaphore du sacré. Mais pour moi, loin d'être gratuit, ce rapport entre le désir et le sacré est essentiel, est quelque chose qui peut être conceptualisé d'une certaine façon.

Q. Et la psychanalyse?

R. Est-ce que la psychanalyse a réellement une autonomie véritable? Moi, ce qui m'intéresse dans la psychanalyse et dans Freud, c'est qu'ils étudient l'individu, la psyché, les rapports entre les hommes, la société, et donc le sacré. Par conséquent, ils s'intéressent à tout cet

108

ensemble de choses, mal découpées peut-être par les sciences modernes, qui m'intéressent aussi et qui intéressent la littérature au premier chef. D'ailleurs, le rapport de Freud à la littérature est passionnant, dans la mesure où il a un peu peur d'elle, dans la mesure où il a peur d'être pris pour un littéraire. Sous certains rapports, à mon avis, il a raison, mais sous d'autres rapports il a tout-à-fait tort. Il a tort dans la mesure où le littéraire, au meilleur sens du terme, c'est toujours le jeu de ce que j'appellerai la mimésis et du désir. Platon sépare mimésis et désir. Le littéraire, à mon avis, tend toujours à les rapprocher l'un de l'autre. Pour moi l'oeuvre littéraire archétypale, ce serait par exemple le *Troilus et Cressida* de Shakespeare, qui est une parodie d'Homère. C'est même peut-être au fond une parodie de toute la culture grecque, et je pense que les formules de Shakespeare relient ce qui est toujours séparé par la philosophie, à savoir le désir et la mimésis. Cette pièce nous révèle une mimésis qui n'est pas seulement une espèce de soutien du conformisme culturel, mais qui est conflit, qui est à la fois dissolution de la société et, mystérieusement, reconstitution de la société. Le paradoxe est là, paradoxe que la philosophie ne voit pas. Pour en revenir à Freud, ses meilleures intuitions vont dans le sens de la littérature, il a donc très peur, étant donné l'époque qui est la sienne, d'être confondu avec un littérateur. Il parle d'identification, mais l'identification, chez Freud, c'est l'imitation, c'est le mimétique, plus le désir, et par conséquent il est à ce moment-là très proche du meilleur littéraire. Freud s'efforce de conceptualiser des forces que personne n'avait songé à conceptualiser avant lui: ce rapport du désir et de l'identification, comme dirait Freud, nous permet de percevoir une certaine unité de la culture occidentale. Aujourd'hui, il n'y a plus lieu d'avoir peur de la littérature, au contraire, on doit utiliser la meilleure littérature pour avancer, si tant est qu'il y ait une avance.

Q. Ce que vous avez écrit dans *Mensonge romantique et vérité romanesque** il y a plus de vingt ans, est-ce que vous l'écririez encore

* Grasset, Paris 1961.

aujourd'hui? Ce que vous avez écrit sur Stendhal, par exemple, est-ce que vous y changeriez quelque chose?

R. Je maintiendrais l'essentiel de ce que j'ai dit. Le chapitre dont je reste peut-être le plus proche aujourd'hui, c'est le chapitre sur Stendhal et la politique, la façon dont il envisage les oppositions politiques de son temps. Mais il y a aussi des choses qui seraient différentes, par exemple si j'avais connu Virginia Wolf à l'époque. Je pense que sur le plan technique, elle apporte du nouveau. Le point de vue mimétique n'est pas du tout limitatif. Virginia Wolf s'intéresse toujours à des personnages dont la vision du monde est bouleversée lorsque quelqu'un arrive. Ces personnages voient littéralement le monde à travers ce nouveau venu, par exemple dans *The Waves*. Il y a quelque chose de prodigieux dans ces personnages dont la vision du monde, d'un seul coup, éclate en morceaux du fait même que quelqu'un se présente et entre en contact avec eux. Sur le plan romanesque, c'est quelque chose d'assez inouï, le rôle de l'Autre dans le Moi. J'en aurais parlé dans *Mensonge romantique* si j'avais connu Virginia Wolf.

Q. Vous avez beaucoup écrit sur Dostoievski et sur Proust, tous deux sont parmi vos auteurs de prédilection, or je constate que ce sont deux grands malades. Et je me demande si la maladie n'est pas ce qui leur a permis, ou peut-être ce qui les a obligés, à se situer dans le rôle de victime.

R. C'est très intéressant ce que vous dites à propos de l'épilepsie et de l'asthme.

Q. Ce sont deux maladies psychosomatiques.

R. Ce sont deux maladies psychosomatiques, et ce sont deux maladies qui sont comme une représentation d'une persécution subie, d'une violence subie. C'est tout-à-fait extraordinaire. Mais chez eux, je ne voudrais pas en faire une cause. C'est un symptôme. Proust n'est pas un asthmatique ordinaire et Dostoievski n'est pas un épileptique ordinaire. Mais je pense que nous avons là une révélation de l'intensité avec laquelle de tels êtres vivent le rôle de victime, qu'ils ont certainement vécu l'un et l'autre, avec des menaces de paranoïa, mais auxquelles ils n'ont pas succombé ni l'un ni l'autre, ce qui fait leur art véritable. On pourrait dire qu'être un grand artiste, dans les rapports humains, dans le roman, c'est ne pas succomber à la paranoïa dans des circonstances qui la favorisent extrêmement.

Q. Vous avez écrit dans *Des Choses cachées depuis le commencement du monde* que les intellectuels sont particulièrement enclins à se laisser entraîner par le désir mimétique et le besoin d'être original à tout prix, ce qui a pour conséquence une spirale sans fin que vous appelez le "Double bind".

R. Ce que j'ai voulu dire, c'est que l'évolution du désir vers le pire, vers le masochisme par exemple, est lié à une connaissance que le désir a de lui-même, mais une connaissance toujours insuffisante. Si le désir, par exemple, constate sans cesse son échec, et transforme son modèle en rival, le moment vient où il fait de cette transformation la condition même du désir. Il y a alors deux possibilités: ou bien le désir se voit tel qu'il est, et renonce, mais en général il ne le fait pas. Ou alors, le seul moyen de se perpétuer dans le savoir de cet échec, c'est de faire de cet échec lui-même une espèce de condition préalable au désir. Sentir le désirable chaque fois que l'échec arrive, c'est-à-dire le succès de l'Autre. Par conséquent, il y a une inconscience du mimétique. Je pense, en effet, que certaines formes de désir mimétique ne sont pas vraiment conscientes, tant que l'évolution pathologique du désir n'est pas seulement un inconscient, au sens freudien, mais est lié au savoir toujours plus grand, mais toujours insuffisant, que le désir prend de lui-même. C'est pourquoi les personnages les plus pathologiques sont bien souvent les plus lucides, des personnages du genre Charlus, ou les grands malades de Dostoievski. Ce sont les plus profonds et en même temps aussi les plus aveugles sur eux-mêmes. Le désir peut entrer dans un chemin de connaissance où il parie toujours sur la chose la plus invraisemblable, c'est-à-dire que là où il y a échec, là où il est empêché, le vrai désirable doit se trouver. Donc, plus le désir devient pathologique, plus il en sait sur lui-même, plus il se rend compte qu'il est voué à l'échec. Il y a des formes de névroses très graves qui vont avec ce genre de lucidité. Presque tous les grands écrivains sont comme cela. C'est quelque chose dont la psychanalyse ne peut pas rendre compte. Il est bien évident que le savoir seul ne suffit pas. Les philosophes antiques croient que le savoir suffit. Mais il y a toujours un échappatoire pour le désir. Il faut voir qu'il y a toujours pari. Mais parier pour le désir, engager la lutte avec son double, c'est perdre à coup sûr. Ce n'est pas du tout dans l'immédiat, c'est à longue échéance, mais c'est un pari toujours déçu. Par conséquent, il y a deux paris.

Q. Le pascalien et l'autre?

R. Oui.

Q. Vous vous situez tout-à-fait dans la lignée de Pascal, et c'est à lui qu'on pense à propos de "ces trous noirs dont parlent aujourd'hui les astronomes, d'une densité si effroyable qu'elle attire à elle toute matière dans un rayon de plus en plus vaste et, de ce fait même, sa puissance d'attraction ne cesse d'augmenter". Ce sont vraiment les espaces infinis qui effrayaient Pascal.

R. Je pense que la vogue de la science fiction, qui est liée à des réalités scientifiques, bien sûr, s'inscrit dans une espèce de surenchère de déshumanisation de la littérature où l'on essaie, si vous voulez, de parler de moins en moins de l'essentiel. C'est un mouvement de refus de l'homme. On a l'impression qu'il y a une surenchère réciproque aujourd'hui entre la terreur que le monde extérieur fait peser sur nous et celle que la littérature reflète, qu'elle essaie de renvoyer au monde. On se demande un peu pourquoi. Bien souvent, ce qui se présente comme satire, comme refus du monde, ressemble de plus en plus au monde qu'en principe on refuse. J'ai l'impression que lorsqu'on regardera cela avec un certain recul, qui arrivera, je l'espère, on se rendra mieux compte à quel point tout cela se tient. Beaucoup d'attitudes qui se présentent aujourd'hui comme refus sont au fond des acceptations.

Q. C'est une forme d'acceptation du néant?

R. Moi, je ramène toujours cela à des formes de désir mimétique qui s'ignorent, qui nient de plus en plus la présence du rival, des rapports humains de plus en plus obsédants. A partir du romantisme, on commence par la nature, une nature encore très humanisée, mais qui peu à peu se déshumanise, qui est de plus en plus désertique, pour passer aux espaces intersidéraux. Mais c'est toujours fuir l'homme, surtout au sens de l'Autre, que je mets au premier plan, évidemment.

Q. Est-ce que la science a une existence propre?

R. Notre société, évidemment, a créé la science. Et je crois que la science est liée au biblique. Il y a une formule que j'emploie: pour fabriquer de la science, il faut renoncer à la pensée magique, et la pensée magique consiste, lorsqu'il y a un désastre, par exemple, à chercher des boucs émissaires. Tant qu'on chasse les sorcières, on n'invente pas la science. Donc, on n'a pas cessé de chasser les sorcières parce qu'on a inventé la science, on a inventé la science parce qu'on a cessé de chasser les sorcières. Il est beaucoup plus difficile de faire de la science que de faire de la magie, ce qui vient naturellement aux hommes. Toutes les sociétés sont magiques. Nous somme la seule société qui ait triomphé des formes les plus grossières de la pensée magique. Au 18ème siècle, on pensait que c'était parce que nous étions des gens épatants. Mais maintenant on devrait être obligés de reconnaître que la science est un sous-produit du biblique, et que nous en avons fait quelque chose qui revient vers nous pour nous révéler précisément la vérité du biblique lui-même. Les avantages que le biblique apporte aux hommes sont d'une telle nature qu'ils accroissent sa responsabilité dans tous les domaines. Donc, s'il fait un mauvais usage de cette responsabilité, la vérité revient sur lui pour le frapper au visage. C'est ce qui se passe pour la science. Mais dire que la science est mauvaise, comme on fait maintenant, c'est aussi stupide que d'adorer la science comme on le faisait à la fin du 19ème siècle.

Q. Nous ne vivons plus dans une société qui chasse les sorcières, et pourtant... le processus d'expulsion de la victime émissaire n'est-il pas toujours d'actualité?

R. Je pense que sur le plan local, partiel, on est obligé de répondre oui, il se produit sans cesse. Mais sur le plan universel je dirais non. Le rôle du biblique, dans notre univers, c'est de le rendre impossible en le révélant. Le fait qu'on puisse en parler, que tous les systèmes de représentation fondés sur les victimes expulsées soient aujourd'hui compréhensibles, interprétables, c'est parce que tout ce qu'on appelle structuralisme, psychologie des profondeurs, etc. revient toujours à la même interprétation, aux systèmes de représentation fondés sur des victimes. Même ce que les psychanalystes appellent transfert. Je pense que ce que le biblique apporte à notre univers, c'est une compréhension toujours plus subversive de ces systèmes. Or, la compréhension de ces systèmes les rends inopérants et, d'une certaine manière, irremplaçables, c'est-à-dire qu'ils ne peuvent pas renaître. Donc le biblique comme puissance de désordre révolutionnaire au sens de Nietzsche, c'est cela. Je pense que Nietzsche a tort de le dévaloriser, de le traiter de façon purement négative, parce que Nietzsche, au fond, prend parti pour les persécuteurs, pour l'ordre culturel, pour la force. C'est peut-être l'interlocuteur privilégié pour notre époque, dans ce sens que nous sommes tous nietzschéens, alors que nous devrions être très anti-nietzschéens, au contraire, devant ce qu'il y a de désespéré, d'atroce, et de profondément répréhensible dans son attitude. Je crois qu'on peut le dire sans être hostile à Nietzsche personnellement, puisque la grandeur de Nietzsche est d'être devenu fou à essayer de penser cette espèce de ressentiment prodigieux qu'il avait contre le biblique. Evidemment, l'intelligence moderne est très enracinée là-dedans. A mesure que l'histoire avance, il me semble qu'elle rend de plus en plus évidentes à la fois la vérité et l'erreur de Nietzsche. Donc, pour moi le biblique, loin d'être quelque chose qui disparaît, est toujours là, à effleurer, et va reparaître de façon plus impérieuse que jamais, non parce qu'il est dictatorial, mais parce qu'il est la vérité.

Q. Comment cela peut-il s'inscrire à l'échelle planétaire qui est la nôtre aujourd'hui pour des peuples qui jusqu'à présent n'ont pas été touchés par la tradition biblique?

R. Cela fâche beaucoup de gens, mais à mon avis il n'y a pas de peuples qui n'aient pas été touchés par la tradition biblique. Car même s'ils ne l'ont pas été directement, ils le sont indirectement. Le fait même qu'ils nous reprochent de les opprimer, de les avoir persécutés, c'est toujours une reprise d'idées occidentales qui sont retournées contre l'Occident, avec justice d'ailleurs. L'Occident a fait un mauvais usage des instruments qui étaient à sa disposition, donc ces peuples ont entièrement raison. A mon avis, il n'y a plus que des régionalismes, et je crois que notre culture, désormais, est une. Parler de la Bible comme je le fais, ce n'est pas du tout de l'ethnocentrisme. La Bible n'appartient à personne, à aucun peuple, puisque justement tous ceux qui se réclament d'elle, ou qui se considèrent comme ses représentants privilégiés, ont failli par rapport à elle. Pour moi, la mission véritable du judaïsme de la synagogue et du christianisme de l'église serait de reconnaître l'un et l'autre dans la réconciliation véridique leur insuffisance réciproque et mutuelle par rapport au texte dont ils sont quand même les porteurs. Chacun devrait reconnaître ce qu'il doit au texte, dont il a fait mauvais usage. Je ne dis pas cela pour mettre sur le même plan les Juifs et les chrétiens dans l'ordre de la persécution. Il est bien clair que les chrétiens ont beaucoup plus persécutés les Juifs que les Juifs n'ont persécuté les chrétiens pour des raisons historiques évidentes. Mais je pense que par rapport au prophétisme de l'Ancien

115

Testament ou à ce qu'il y a d'essentiel dans le Nouveau Testament, il y a un double échec sacrificiel, c'est-à-dire une retombée dans le primitif. Autrement dit, les hommes tendent toujours à retomber dans la religion primitive, ils sont tous plus ou moins au même niveau sous ce rapport-là, par conséquent ils ont tous beaucoup de reproches à se faire les uns aux autres, ils ont tous failli de la même façon, ce qui devrait faciliter cette reconnaissance.

Q. Même les religions orientales, comme le bouddhisme, par exemple, auraient été affectées par la culture biblique?

R. Non, mais je pense que le monde entier, aujourd'hui, dans sa pensée essentielle, c'est-à-dire dans le domaine des sciences et de la politique est entré dans une conception du monde qui est fondamentalement liée au biblique. Par exemple, tous les peuples ont une notion de l'injustice et de la persécution qui n'existe pas dans les sociétés primitives. Les sociétés primitives ont des mythes, mais dans aucune il n'est possible de mettre en question la société entière, de lui dire qu'elle persécute injustement. Dans la mesure où tous les peuples, aujourd'hui, sont capables de faire cela, je dirais qu'ils sont tous bibliques. Leur tradition religieuse, sa valeur intrinsèque, sont parfaitement réelles (dans les religions primitives il y a des choses extraordinaires) mais je pense qu'il y a toujours cet élément biblique. Les religions orientales ne se soucient absolument pas de la persécution. Elles préfèrent se retirer du monde. Or, il me semble que l'essentiel, dans le monde, ce n'est pas cela. La question de la justice ou de l'injustice est primordiale pour tous les peuples.

Q. Dans vos livres, et en particulier dans La *Violence et le sacré* et dans *Le Bouc émissaire* *, vous montrez qu'il n'y a pas de différence fondamentale entre les événements historiques et les mythes, d'une part,

* Grasset, 1982.

et d'autre part que le sacrifice rituel de la victime émissaire est l'élément fondateur de toutes les religions. Comment s'articule le lien entre ces phénomènes et la Bible?

R. *Le Bouc émissaire* est au fond une série de lectures de mythes et du Nouveau Testament. Il y a des textes dont on m'a dit, et c'est pourquoi j'ai voulu en parler, qu'il ne pourraient pas s'inscrire dans ma vision du Nouveau Testament, des textes de démonologie, par exemple, qui sont tout-à-fait archaïques. Je pars aussi d'un texte du 14ème siècle qui est le texte de Guillaume de Machaut sur les Juifs. C'est un texte sur la peste noire, qui accuse les Juifs d'empoisonner la rivière, qui fait des Juifs les boucs émissaires de la peste. Ce qui m'intéresse, c'est d'essayer de montrer qu'on ne le lit pas comme un mythe, on reconnaît qu'il y a des éléments imaginaires, mais on reconnaît aussi qu'il y a des éléments réels, autrement dit qu'il y a vraiment des victimes derrière. Le rapport des deux m'intéresse. Le fait qu'il y ait des textes à propos desquels plus on sait qu'ils sont imaginaires, plus on sait en même temps qu'ils sont réels, sous un autre rapport. Et lorsque je dis qu'il doit y avoir de vraies victimes derrière les mythes, il n'y a pas de raisons de ne pas lire certains mythes, et finalement tous les mythes, de cette façon-là, car les éléments textuels sont exactement les mêmes. Les stéréotypes de la persécution sont les mêmes partout, on les trouve dans Guillaume de Machaut, on les trouve dans le mythe d'Oedipe, on les trouve dans des milliers de mythes, et on les trouve associés à des thèmes de violence qui sont les mêmes que ceux de Guillaume de Machaut. Et pourtant dans le cas des mythes, on n'ose pas dire que pour fabriquer de tels textes, il faut qu'il y ait eu des persécutions réelles et qu'elles aient été perçues, représentées dans la perspective des persécuteurs qui ont transfiguré la victime. Aujourd'hui, nous lisons les textes de persécution comme celui de Guillaume de Machaut en nous rendant compte que les persécuteurs ont réussi à tromper les peuples pendant des années, mais jamais longtemps. Nous lisons Guillaume de Machaut dans ce sens. Par contre, le mythe d'Oedipe dure encore. Ce que je dis, par conséquent, c'est qu'il faut étendre au mythe d'Oedipe la lecture que jusqu'ici nous avons limitée aux textes historiques. Or, étendre cette lecture aux mythes, c'est poursuivre une espèce d'éclairage biblique qui peu à peu s'étend à tous ces textes, archaïques ou non.

Q. Si nous nous tournons aujourd'hui vers le primitif, par le biais de la science, n'est-ce pas par besoin de renouveler, sinon le christianisme, du moins la transcendance?

R. Je pense que oui. Ce sont toujours les crises qui nous amèneront à approfondir nos rapports au biblique. Aujourd'hui, il est beaucoup plus difficile de croire à l'innocence du désir qu'il y a un ou deux siècles, puisque la bombe à hydrogène est une menace constante sous laquelle nous vivons, et qu'on ne peut pas attribuer cette menace aux éléments ou à Dieu: cette menace vient uniquement de l'homme et du désir. Alors beaucoup de gens actuellement essaient de rendre les institutions responsables, mais même cela ils ne peuvent plus le faire, puisque les révolutions dont ils rêvaient aboutissent à la même chose.

Q. Il y a toujours une part de mimétisme dans la révolution.

R. Parfaitement d'accord. Je veux dire que même les gens qui sont le plus soucieux de maintenir sur l'homme les illusions du 18ème siècle sont aujourd'hui dans une situation littéralement intenable. C'est peut-être pour cela qu'on cherche tant à échapper à certains sujets essentiels, parce qu'il y a des évidences trop fortes.

Q. On ne veut pas reconnaître que le 18ème siècle s'est trompé.

R. Voilà. Mais cela devient de plus en plus difficile, parce que la science, chaque jour, le rend présent. Alors, il y a ceux qui veulent incriminer la science elle-même, comme si elle était mauvaise en soi.

Mais elle n'est pas mauvaise. Elle est très bonne, au contraire, elle a fait et elle fait tous les jours des choses merveilleuses, c'est seulement le mauvais usage que les hommes en font. Si les hommes étaient un peu plus sages, la science ne serait que bonne. C'est tellement évident.

Q. Alors, finalement, la liberté n'existe pas?

R. Si, si, elle existe! Nous sommes obligés de penser la liberté de l'homme. Sur ce plan-là, Sartre, c'est le bon sens même. Ceci dit, on peut aussi penser la toute-puissance divine. D'une certaine manière, l'impossibilité de penser les deux à la fois sur le plan logique n'a aucune importance. Cela révèle seulement que la logique humaine est déficiente, mais cela, nous le savions. La force de la science moderne, justement, c'est d'accepter cela, de comprendre qu'il y a des secteurs séparés, même dans le domaine scientifique.

Q. Vous occupez une place à part parmi ceux qui essaient, aujourd'hui, de réfléchir sur l'état de notre société. Vous sentez-vous des affinités avec certains chercheurs ou penseurs contemporains?

R. Je me sens des points communs avec certains d'entre eux, dans la mesure où ce sont des gens qui s'intéressent au désordre, et à l'ordre en tant qu'il sort du désordre: des biologistes comme Henri Atlan, des physiciens, etc. Ce n'est pas moi qui ai découvert ces rapports, mais ils me disent que leurs travaux ont un rapport avec mon idée du rite et de la crise mimétique dont l'ordre sort. Ce qui me rapproche d'eux, c'est justement ce qui me sépare des structuralistes, parce que le structuralisme part d'une notion d'ordre qui est première. L'ordre est toujours premier chez les structuralistes, mais dans la science actuelle c'est absolument faux. La science ne fonctionne pas du tout à ce niveau-là, et sous le rapport scientifique, le structuralisme est tout-à-fait décalé. Des travaux comme ceux de Michel Serres, de Jean-Pierre

119

Dupuy à propos de l'économie, de Jacques Attali* à propos de la musique, me passionnent, bien que je ne sois pas du tout compétent pour en traiter et que mes propres travaux se déroulent en dehors des sciences exactes, évidemment. Mais nous concevons les rapports qui existent entre le désordre et l'ordre de façon analogue, inconcevable dans le structuralisme. Car de quoi l'ordre pourrait-il sortir, sinon du désordre?

New York, avril 1982.

* Michel Serres : *Hermès V, le Passage du nord-ouest,* Grasset 1980; *Genèse,* 1982; *le Parasite,* 1980.
Jean-Pierre Dupuy : *Ordres et désordres, enquête sur un nouveau paradigme,* Paris, Seuil 1982.
Jacques Attali : *Bruits,* Presses Universitaires de France 1977.

8. Jean-Marie Gustave Le Clézio

Toute l'oeuvre de Le Clézio semble être un long poème où reviennent les thèmes chers: la mer, le vent, le désert, les oiseaux, l'autre côté du monde. On songe à *L'Invitation au Voyage* de Beaudelaire:

Là, tout n'est qu'ordre et beauté
Luxe, calme et volupté

Cette évasion qu'on suit à travers ses livres devient une quête vers les valeurs essentielles de l'existence et la connaissance de soi. Qu'ils soient enfants, adolescents ou adultes, les personnages de Le Clézio ressentent un étrange dépaysement qui se manifeste par un besoin intense de retrouver la nature et de fuir la violence de la civilisation urbaine. Le mal dans l'univers de Le Clézio vient de la civilisation, où l'homme est emprisonné. D'où la tentation de partir, de s'enfuir vers la nature et la liberté. Refusant la société technologique des grands ensembles, des aéroports, des autoroutes et des supermarchés, Le Clézio cherche refuge dans les civilisations anciennes et disparues. Dans son beau *Rêve mexicain,* il nous montre comment la conquête et la destruction du Mexique ont été barbares, mais c'est surtout dans *Le Chercheur d'or* et le *Voyage à Rodrigues** qu'on suit l'itinéraire solitaire du héros à la recherche de son identité.

* Publiés chez Gallimard, respectivement en 1988, 1985 et 1986.

122

Il y a dans l'oeuvre de Le Clézio, une confrontation entre des contraires: la réalité et le rêve, l'ordinaire et le sacré, le doute et la certitude qui forcent ses personnages à s'enfuir ou à se révolter. Sa prose déborde les genres littéraires. De ses romans, récits, essais, se dégage un langage poétique qui semble inspiré par ses poètes préférés: Rimbaud et Michaux. Le mélange d'une écriture à la fois classique et lyrique chez Le Clézio berce comme une musique douce et grave, mais la limpidité de son style dissimule la complexité de sa pensée. Toute sa force réside dans cet affrontement entre un monde chaotique et la luminosité d'un univers naturel. Ses personnages, à la recherche d'une harmonie et d'une plénitude, baignent dans une aura de mystère.

Le Clézio, à la voix basse et au regard rêveur, semble un personnage sorti de ses livres. Ce constant voyageur, issu d'une mère française et d'un père anglais d'origine bretonne, parle de ses séjours aux Etats-Unis, au Mexique, en Thaïlande, à l'Ile Maurice, de sa famille, de ses ancêtres. Il se sent exilé dans sa ville natale: Nice. Il s'anime en se rappelant ses passions de jeunesse: Jules Vernes, Conrad, Dickens. Parmi les auteurs russes, il admire Tourgueniev. Il trouve *Premier amour* "bouleversant".

Pour Le Clézio, chaque livre est un voyage intérieur et solitaire. Dans ses nouvelles, comme *Mondo et autres histoires*, il évoque le voyage dramatique de l'enfance à l'adolescence ou dans *Printemps et autres saisons** il observe l'itinéraire émouvant de cinq femmes au pays de la solitude et de la nostalgie. Avec la maîtrise d'une langue vibrante et poétique, Le Clézio ressuscite les drames secrets et déchirants des opprimés qui "ressentent leur révolte, mais ne peuvent les exprimer".

* Ce dernier est le dernier en date des ouvrages de l'auteur, publié en 1989 chez Gallimard.

J.M.-G. LE CLÉZIO

Q. François Mauriac a dit un jour que vous étiez notre meilleur poète contemporain. Quelle différence faites-vous entre l'univers poétique et l'univers romanesque?

R. Pour moi, d'abord il n'y a pas tellement de différence entre la poésie et le romanesque. Ce sont des modes d'expression cherchant à dévoiler quelque chose d'unique et à exprimer la vérité qu'on a de soi-même. Ces modes d'expression, on ne les choisit pas vraiment, ils s'imposent à vous selon votre état d'esprit et selon les conditions dans lesquelles vous vivez, peut-être aussi, selon les rapports que vous avez avec les autres. La poésie est un mode d'expression beaucoup plus secret et réduit; la tentation du romanesque est de s'adresser à un plus grand nombre, c'est faciliter le passage de ce que l'on veut dire pour qu'un plus grand nombre puisse l'entendre. Pour moi, la poésie et le roman expriment la même chose. D'ailleurs, quand on commence à lire des textes de littérature, c'est-à-dire des textes qui sont écrits pour l'amour de la langue française, pour le plaisir du vers, on touche forcément à quelque chose de poétique. La poésie est un moyen d'expression qui implique l'amour du verbe. On ne peut pas écrire de la poésie si on n'aime pas la langue française ou la langue que l'on parle. Alors, ce qui est poétique, c'est cet amour du verbe.

Q. A vous lire, on pense aux poètes symbolistes et aux rapports de la littérature et du sacré.

R. Je ne connais pas beaucoup de poésie symboliste, je connais mal cette école poétique. Je pense à quelqu'un comme Maeterlinck par exemple qui est typique de la poésie symboliste. Il me semble que ce qui était fort dans cette littérature, c'était qu'elle ne s'attachait pas à une expression anecdotique; ce n'était pas l'expression d'un déroulement attaché spécialement à un temps, à un espace ou à un mode. C'était une expression qui cherchait à aller au plus profond, qui cherchait à exprimer une vérité intérieure très forte.

Q. Avez-vous une prédilection pour Rimbaud?

R. Oui, en effet cela a été le premier poète que j'ai visité. Je crois que beaucoup de Français et de Belges doivent commencer leur lecture de la littérature par Rimbaud. C'est celui vers lequel on va en premier parce qu'il est la poésie même. C'est un langage brûlant, en dehors de tout compromis; on a le sentiment que c'est la négation de tous les compromis que la littérature ou le langage peuvent avoir avec la vie sociale. C'est un cri de révolte, de refus de la famille, refus des idéaux, refus des conventions sociales. Donc, tout cela fait de Rimbaud un exemple à la fois extrême et quelque peu désespérant. J'ai écrit de la poésie jusque vers l'âge de dix-neuf ans. C'était l'époque où je lisais Rimbaud et je me suis arrêté après l'avoir lu. Je ne me suis pas vraiment arrêté d'écrire, mais j'ai cessé de me considérer comme un poète. Donc cette poésie est morte puisqu'elle n'a pas duré mais j'aime beaucoup lire la poésie. C'est l'expression qui me touche le plus directement et à laquelle j'adhère le plus précisément. Un roman, c'est toujours plus difficile à écrire à cause de cette architecture imaginaire et de ce côté trop logique.

Q. L'évasion, la mer, le désir de partir, la conquête de la liberté sont des thèmes qui reviennent souvent dans vos oeuvres.

R. C'est que Rimbaud est un adolescent, et quand on est un adolescent, c'est à cela que l'on rêve: briser le carcan de la société, les interdits familiaux et les limites sociales imposées. Rimbaud réalise cette sorte de rêve prométhéen, il se libère de tout interdit, brave même d'une certaine façon la société, et écrit non seulement avec ce qu'il dit, mais avec son corps et avec toute sa vie. Rimbaud n'a pas beaucoup écrit en fin de compte, mais il y a une partie de son oeuvre qui est parlante et l'autre qui est une partie muette. Les deux font de la poésie et même quand il n'écrit pas, il est poète. C'est du moins l'idée qu'on a de lui. Pour un adolescent, c'est un modèle. On n'imagine pas une poésie plus vraie et une vie plus vraie que celle-là.

Q. Vos adolescents et vos enfants sont pour la plupart aussi en rupture, abandonnés et solitaires. Vous avez une prédilection pour la révolte?

R. Peut-être moins pour la révolte que pour ce passage du monde de l'enfance à l'adolescence, puisque le monde de l'enfance est celui de la famille et de tous les garde-fous, de tous les parapets de la famille, de la société et de l'école, finalement de tout ce monde que l'on apprend à connaître et qui est très traumatisant pour un enfant. Il doit apprendre à se conformer à toutes ces interdictions et toutes ces obligations. C'est l'âge qui me fascine dans la vie: ce moment où l'on passe de l'enfance à l'adolescence. C'est un des moments les plus mystérieux, les plus bouleversants et les plus graves de conséquences, car c'est le moment où tout se décide souvent. C'est donc cet instant-là qui est pour moi le plus marquant de l'être humain. Un moment qu'il vit avec intensité, qui dure juste quelques mois. C'est un moment extrêmement bref qui est souvent d'ailleurs désastreux et tragique pour beaucoup d'êtres. Pour moi donc, le matériau est un sujet d'écriture. J'aime situer mes histoires dans cet instant, qui rappelle ce passage. Pour moi, la littérature c'est un peu un passage. La Littérature ne doit pas exprimer un moment fixe mais elle doit exprimer un mouvement, quelque chose qui est en train de se faire ou de se modeler. Chez l'être humain, ce modelage est l'adolescence. Ce passage de l'enfance à l'adolescence me semble particulièrement fort et il reste qu'à ce moment-là, tout est remis en question, y compris le langage.

Q. Cet arrachement de l'adolescence, est-ce la nécessité de faire partie du monde des adultes, ou est-ce quelque chose de différent?

R. Pas tellement différent car si on considère bien la société moderne de type occidental, c'est une société d'adultes où l'enfant et l'adolescent n'ont pas beaucoup de place. C'est le nouveau problème de cette société. Il y a aussi le problème des vieux qui n'ont pas non plus leur place, alors que dans des sociétés plus naturelles, ces âges-là sont intégrés d'une façon beaucoup plus vraie. Si je m'intéresse davantage à ce passage-là, à cet âge, cela symbolise le moment où l'on est le plus sensible aux défauts et aux attirances de la société contemporaine. C'est l'aspect romanesque mais cela implique d'autres aspects.

Q. Pourriez-vous parler de ce double aspect de la nature: à la fois une agression et un support.

R. En réalité, le naturel n'est pas un monde de paix, on le sait bien. Ce n'est pas un univers paisible. A chaque fois que l'on s'approche assez près de la nature, en montagne par exemple ou dans des régions du monde moins colonisées par l'homme, on s'aperçoit qu'il n'est pas facile d'y vivre. La forêt, c'est un endroit où on ne peut même pas s'asseoir parce qu'il n'y a pas de place pour les humains. On est obligé d'y faire sa place et chaque hiver dans les montagnes ou dans la région niçoise, il y a des gens qui meurent de froid parce qu'ils ont oublié cette vérité toute simple que le monde de la montagne n'est pas celui de la ville. On perd ses calories très vite quand on est en altitude, on se fatigue beaucoup plus vite, on est isolé, l'inquiétude et l'angoisse, l'isolement accentuent la faiblesse et beaucoup de gens se trouvent en grand danger et quelquefois perdent leur vie pour avoir ignoré ces lois très simples de la nature. Donc, le monde naturel, le monde sans homme n'est pas paisible mais c'est un monde qui provoque une connaissance plus profonde et plus vraie de soi-même, de son aspect matériel et charnel. Ce n'est pas un monde d'idées, ni de concepts, ni d'interdits. Les Américains connaissent très bien ce rapport, beaucoup mieux que les Français, les Allemands ou les Anglais.

Q. L'Amérique est synonyme de grand espace. Ne pensez-vous pas que les jeunes en Europe ont parfois une impression d'enfermement?

R. C'est illusoire. Si vous allez dans l'arrière-pays niçois, vous quittez très vite la zone civilisée. Je crois qu'il y a beaucoup d'endroits comme ça. Si vous faites quarante ou cinquante kilomètres dans l'intérieur du pays, tout à coup il n'y a plus d'enclos, il n'y a plus de murs, il n'y a plus de panneau d'interdiction d'entrée. Vous êtes à nouveau dans une nature assez sauvage qui est peut-être moins sauvage que la nature américaine, car c'est un vieux continent, mais qui est tout de même assez sauvage car il y a des gens qui meurent chaque année, comme je vous le disais, d'isolement et d'abandon.

Q. Vos personnages ont une attirance pour la mer. Est-ce une métaphore ou une fascination que vous ressentez personnellement?

R. Pour moi, c'est vraiment une impulsion, ce n'est pas une métaphore verbale. Quand j'ai passé une année au Nouveau-Mexique j'avais presque des hallucinations. Il me semblait entendre la mer, tellement j'en avais besoin.

Q. Votre prose évoque les bruits de la nature. En êtes-vous conscient?

R. Plus que conscient, c'est une nécessité, je ne sais pas d'où cela vient. Il m'est très difficile de le savoir. Il y a en effet une logique de langage mais qui correspond à une logique de sensations. C'est le côté extraordinaire de la littérature qui met en mouvement des souvenirs, des concepts, c'est-à-dire des idées qui sont liées à des images. Cela met en mouvement une architecture onirique qu'on appelle des fantasmes. Tout cela est mélangé et extrêmement complexe. Il est sans doute très difficile de faire le partage. Moi, je ne pourrais pas le faire.

Q. Quel est le rôle de l'écriture? Est-ce de vous donner la possibilité d'exprimer vos fantasmes?

R. Oui, c'est-à-dire de se comprendre. Il s'agit au fond de se découvrir soi-même. Il me semble que quelqu'un qui se découvrirait d'une autre façon, mettons par les rêves, ou bien par sa vie réelle, ou par la musique, ou par tout autre moyen, pourrait atteindre une connaissance de soi-même tout aussi vraie que par les mots. Les mots sont un moyen de se connaître soi-même, mais il y en a d'autres: la danse par exemple. J'ai toujours cru que les danseurs et les danseuses qui exprimaient quelque chose avec leur corps pouvaient atteindre une connaissance d'eux-même, peut-être la plus poussée de toutes. A l'aube même de l'humanité on s'exprimait en dansant. Je peux le dire car je suis absolument fasciné par la danse, mais incapable de danser moi-même.

Q. Selon Barthes, le langage est déjà une philosophie...

R. Cette connaissance par le langage que proposait Barthes avec cette extrême précision dans l'analyse, on peut l'atteindre, lui-même le dit, de toutes sortes de façons, y compris par le Zen ou par d'autres techniques de connaissance. La littérature est un de ces moyens. C'est pourquoi la poésie et le roman, pour moi, ne sont pas très différents. On voit bien ce qui les différencie, mais leur nécessité ou du moins leur vérité est la même que celle que peut donner la danse ou la musique ou tout autre mode d'expression.

Q. *Le Chercheur d'or* et *Le Voyage à Rodrigues* sont-ils des romans autobiographiques?

R. Oui. Il y a longtemps que je voulais écrire ces livres, mais je ne pouvais le faire pour des raisons familiales. J'hésitais à le faire pour toutes sortes de raisons. J'ai commencé plusieurs fois le roman. Les deux ne font peut-être qu'un seul livre. Pour des raisons de clarté, j'ai décidé d'en faire deux livres. Au départ, je devais faire un ouvrage intitulé *Le Journal du Chercheur d'Or.*

Q. On a l'impression qu'il y a quelque chose à découvrir, une recherche, une énigme, un mystère, et qu'on peut arriver à le découvrir, même si le chercheur d'or a finalement échoué. Il a échoué dans ce qu'il cherchait mais il a trouvé autre chose qui était plus important. Il y a quelque chose d'optimiste dans votre démarche, une énergie extraordinaire...

R. Il y a une croyance ancrée en moi que ce que l'on fait n'est pas dénué de sens, que ce soit la littérature ou que ce soit sa propre vie, les expériences qu'on accumule ont un sens. Il ne s'agit pas seulement d'un déroulement mécanique, il ne s'agit pas d'anecdotes, il s'agit d'un cheminement qui conduit à une découverte progressive de soi-même. Je ne sais pas de quelle découverte il s'agit. C'est cette croyance qui fait que j'écris. Sinon, je ne pourrais pas écrire, si écrire était simplement faire des noeuds sur une corde. C'est le sentiment, au contraire, de défaire des noeuds, d'être clarifié, d'être purifié.

Q. Ecrire, pour vous, est une façon de marcher...

R. C'est une manière de marcher parce qu'en marchant précisément, on est pris par un rythme, on entre dans une sorte d'action, on participe à une activité totale, on n'est pas neutre; on est pris par des zones d'influence et peu à peu on s'aperçoit que ce que l'on faisait conduisait quelque part. On n'était pas sorti au hasard. C'est l'intuition que j'ai que le hasard n'existe pas. Le hasard et la destinée sont à peu près la même chose.

Q. Comment concevez-vous la responsabilité, en particulier celle de l'écrivain?

130

R. Ce qui est intéressant, c'est de se poser la question de la responsabilité de l'écrivain vis-à-vis de celui qui le lit. Il me semble que, quand on écrit, on n'est pas véritablement conscient de sa responsabilité ou de son engagement vis-à-vis de la société. Au fond, on pourrait écrire quelque chose de très différent de ce que l'on est en train de faire. La responsabilité intervient par la suite lorsque le livre est terminé et confronté aux autres; on l'apprend en publiant le livre.

Q. Quand vous racontez l'histoire d'un jeune garçon qui vole la caisse dans un supermarché, il ne paraît pas responsable mais peut-être avez-vous une responsabilité dans la manière dont vous présentez cette histoire aux lecteurs et surtout aux jeunes?

R. La question de la responsabilité s'est posée à moi au moment d'un projet d'adaptation cinématographique, auquel j'étais assez favorable, d'une de mes nouvelles qui s'appelle "La grande Vie". Le problème s'est posé parce que justement c'était un cas caractérisé de grivèlerie, c'est-à-dire de quelqu'un qui est logé et nourri et qui s'en va sans payer. Les autorisations par divers établissements n'avaient pas été données car ils ne voulaient pas faire de publicité pour un délit de ce genre. C'était une vision un peu courte peut-être de la question, mais cela m'a vraiment posé le problème de la responsabilité parce que, en effet, c'est offrir un exemple de délinquance. C'est être responsable de ce qui pourrait se passer ou même inciter les gens à le faire et je crois que de proche en proche cette notion de responsabilité peut vous gagner tout entier ou vous submerger entièrement et vous ne pouvez plus faire autre chose qu'offrir des cas de force majeure.

Q. D'un autre côté, dans La Ronde* on a l'impression que les

* La Ronde et autres faits divers, Gallimard 1982.

personnages que vous présentez ont des excuses, excepté les motards qui ont violé une jeune fille. Auriez-vous pu présenter cette histoire du point de vue d'un de ces garçons, comme vous avez présenté le voleur du supermarché?

R. Il m'était impossible d'aller jusque là. C'était l'histoire d'un crime. D'ailleurs, tous les récits de ce recueil sont provoqués pour moi par un choc de la vie quotidienne. Ce sont des histoires vraies. Ce sont des faits divers basés sur des faits réels dont l'un s'est passé à Nice.

Q. Vous avez écrit d'ailleurs: "Toute ressemblance avec ce conte..."

R. Non, là, je l'ai mis pour d'autres raisons. Ce n'était pas pour cela. Le problème de responsabilité se posait d'une façon plus nette, plus vraie puisqu'il s'agissait d'abord d'une histoire réelle et c'est toujours angoissant de transcrire une histoire vraie. Cela pouvait être, comme vous le dites, interprété comme une sorte d'incitation à la violence, mais j'avais besoin de les écrire parce que cela avait un caractère fictif et ainsi je me libérais. Il fallait que j'écrive cette violence, je crois, parce qu'on ne peut pas vivre entouré du mal sans écrire sur le mal. Pour moi, c'était des exemples faciles et cela me permettait d'une façon un peu simpliste de pouvoir rêver à autre chose. Il y avait aussi cette nécessité d'écrire sur la violence.

Q. Vos personnages qui cherchent à échapper à la réalité, est-ce une quête qui tourne court? Quand ils disparaissent, est-ce que cela implique qu'ils sont morts?...

R. Non, c'est le contraire. Il me semble qu'ils sont morts quand la société les reprend et les arrête. La seule façon pour moi de les laisser vivre, c'est de les faire disparaître. Ce n'est pas qu'ils échappent à la société, mais qu'ils échappent à mon regard et qu'ils mènent une vie différente. C'est toujours un peu angoissant en effet dans un roman. Donc, pour moi le meilleur moyen de les laisser s'échapper, c'est de ne plus les voir; ces créatures échappent à mon regard. Surtout puisqu'il s'agit de créatures qui sont très proches de la réalité, qui existent.

Q. C'est-à-dire pour ne pas avoir à donner une fin trop précise?

R. Ce n'est pas vraiment une technique romanesque, mais cela me permet de continuer à écrire, sinon je crois que je ne pourrais pas s'il n'y avait pas cette sorte d'à suivre qui laisse les choses en suspens. Je ne pourrais pas recommencer.

Q. On aimerait savoir ce qui est arrivé au personnage d'Annah dans *Le Chercheur d'or*, elle disparaît sans pourtant retourner à la nature dont elle est venue...

R. Oui, puisque tout cela a disparu. C'est un monde qui a été condamné par la Grande Guerre, en particulier la population montagnarde de Villandry. Là je me suis fondé sur quelque chose de vrai. Une partie de la population a été déplacée et l'autre est morte du typhus. Il y a eu une invasion de rats et la partie de la population qui n'a pas été déplacée est morte sur place, pendant la guerre. C'est le cas de beaucoup de populations minoritaires.

Q. C'est évidemment un commentaire sur la manière dont l'Occident traite les peuples du Tiers-Monde.

R. C'est toujours la même chose. Les peuples du Tiers-Monde sont les victimes des guerres et des décisions prises par les peuples dominants. La Grande Guerre qui, apparemment, n'a affecté que l'Europe a, en fait, affecté le monde entier. Beaucoup de populations à l'époque ont été affectées par cette guerre. On ne le sait pas parce qu'elles n'ont pas participé directement au conflit mais elles ont participé aux conséquences. Quelquefois, c'était un effacement culturel. La Grande Guerre a effacé la culture de certaines minorités et dans d'autres cas c'était une disparition totale.

Q. Avez-vous écrit des essais philosophiques?

R. J'ai écrit à une époque des journaux et ce sont des suites de réflexions. C'était un journal de voyage autour de ma chambre parce que c'était une époque où je n'ai pas voyagé justement, et quand je ne voyage pas, je suis obligé d'écrire des journaux de voyage. J'ai écrit deux essais. L'un s'appelle "l'Essence Matérielle", l'autre "L'Inconnu sur la Terre". A chaque fois, il s'agissait d'un condensé de conversations que j'avais eues avec un ami pendant deux ans. L'autre était vraiment un journal du quotidien, de mes déceptions, de mes imaginations, de mes fantasmes au jour le jour. C'est pour cela que je ne peux pas les considérer comme des livres de philosophie, car la philosophie est au contraire structurée.

Q. Vous arrivez, néanmoins, à rester extérieur à vos personnages, malgré l'élément autobiographique.

R. Je suis incapable d'écrire sur quelque chose qui ne me concerne pas d'une façon véritable. Je ne me sens pas capable d'écrire un roman sur quelque chose que je n'ai pas connu, qui ne m'a pas touché fortement, en particulier dans la période de formation, dans la période d'enfance. C'est vraiment une infirmité de ma part, je le reconnais. Je ne suis pas un vrai romancier. Je ne sais pas imaginer des situations, des anecdotes. J'admire beaucoup ceux qui peuvent le faire. Pour moi, c'est très difficile. C'est pourquoi j'admire Dickens, je le trouve extraordinaire, presque effrayant. Cette capacité d'imagination qu'il a! Il n'y a pas beaucoup d'écrivains à la hauteur de Dickens.

Nice, juin 1986.

9. Elie Wiesel

Il y a toujours quelque appréhension à rencontrer un écrivain qu'on a lu, écouté, admiré, surtout quand cet écrivain vénéré a traversé l'enfer et que ses écrits nous ont bouleversés.

Elie Wiesel, celui qu'on a appelé "Le messager de l'humanité" et "la mémoire de l'Holocauste" est aussi le Prix Nobel de la Paix 1986. Il faut que l'indicible émotion qui s'empare de moi ne me fasse pas perdre l'usage de la parole... Quand j'arrive à sa résidence new-yorkaise, j'apprends avec soulagement que M. Wiesel n'est pas encore rentré: encore quelques minutes de répit pour penser, réfléchir, être avec moi-même. Le gardien me fait bientôt signe de monter. L'ascenseur semble aller trop vite. Avant d'avoir eu le temps de sonner, la porte est déjà ouverte. Sur le seuil, Elie Wiesel, l'homme, s'incline cérémonieusement, mais la chaleureuse poignée de main me rassure. Je pénètre dans un immense bureau-bibliothèque. Il y a des livres partout: c'est le royaume des livres. Je n'ai pas le temps de regarder. Le temps de chacun est précieux et irréversible, mais celui d'un grand écrivain est encore plus compté. Elie Wiesel, écrivain célébré dans le monde entier n'a pas de temps à perdre. En plus de ses conférences, de ses voyages en U.R.S.S., en Israël, en Amérique du Sud, il rencontre chaque semaine ses étudiants à Boston University. Cet homme fragile est infatigable. Notre entretien est sans cesse interrompu par la sonnerie du téléphone. Après quelques conversations brèves en français, en anglais, en hébreu, son répondeur automatique prendra heureusement le relai.

Elie Wiesel est né en Hongrie dans la petite ville de Sighet en Transylvanie. Il a douze ans quand la Deuxième Guerre Mondiale éclate. Lui et toute sa famille sont déportés à Auschwitz et à Buchenwald. Ses parents et sa plus jeune soeur ne reviendront pas. Au printemps 45, il est libéré par les GI et envoyé en France. Il adopte le français comme sa langue d'écrivain, mais à cause d'un accident d'auto, lors d'un reportage à New York pour un journal israélien, il choisit de vivre à New York, capitale de tous les exils, et devient citoyen américain. Il attendra plus de dix ans pour publier son premier livre, un récit autobiographique, *La Nuit*, qui est publié grâce aux efforts de François Mauriac. C'est ce dernier qui a apporté le manuscrit aux Editions de Minuit et qui a écrit la préface.

Depuis plus de trente ans qu'il écrit, Elie Wiesel a construit, livre après livre, une oeuvre littéraire puissante, morale, ordonnée autour d'un événement fondateur: l'Holocauste. Wiesel croit à la morale, et à la force des mots. Dans ses romans, ses essais, ses poèmes, ses entretiens, il nous rappelle qu'il faut lutter contre l'oubli et pose la question du témoignage et de la mémoire, mais il n'est pas que l'écrivain du souvenir. Wiesel se bat inlassablement pour tous ceux qui sont opprimés aujourd'hui et pour la défense des Droits de l'Homme, partout où ils sont en péril: soit qu'il revendique la liberté pour les Juifs soviétiques, ou qu'il témoigne en faveur des indiens Misuitos ou contre les persécutions sandinistes, il dénonce l'intolérance, la haine, la violence, le racisme et le danger nucléaire.

Si Elie Wiesel ne nous permet pas d'oublier ceux qui souffrent et si ses livres nous rappellent des événements douloureux et atroces, le message que son oeuvre nous transmet est empreint d'espoir et de plénitude: "Oui, il est possible de résister à la violence; il est possible de rendre aux mots leur puissance et leur noblesse; il est possible de sauver le monde en sauvant un être humain"*.

* Elie Wiesel, *Le Discours d'Oslo.* Paris: Grasset, p.42.

Les principaux ouvrages dont il va être question sont : *Paroles d'étranger, textes, conversations, dialogues* (Seuil, 1982); *la Nuit*, témoignages (éditions de Minuit, 1958); *l'Aube,* récit (Seuil, 1960); *le Jour,* roman (Seuil, 1961); *le Mendiant de Jérusalem,* roman (Prix Jérusalem, 1968); *le Crépuscule au loin,* roman (Seuil, 1987); *un Juif aujourd'hui,* essai (Seuil, 1977); *Célébration hassidique,* portraits et légendes (Seuil, 1972); *le Serment de Kolvillag,* roman (Seuil, 1973); *le Testament d'un poète juif assassiné,* roman (prix du livre inter, 1980).

ELIE WIESEL

Q. Que signifie être Juif pour vous?

R. Etre juif pour un Juif: lier son destin au destin du peuple juif, dans sa totalité, dans sa beauté, dans son angoisse, dans son endurance, dans tout ce qui a rapport à la vie et à la mémoire du peuple juif.

Q. Dans un de vos textes, vous avez dit: "Il vaut mieux avoir une mémoire sans imagination qu'une imagination sans mémoire". Voudriez-vous commenter cette observation?

R. Je mets l'accent sur la mémoire. Un homme, une femme, un être sans mémoire, c'est un être qui ne peut conférer aucun sens à son avenir parce que le sens est enraciné dans la mémoire. Si cette mémoire est associée à l'imagination, c'est de l'art. Sans imagination, la mémoire est valable, mais sans mémoire, rien n'est valable.

Q. A votre avis, quelles ont été et quelles sont encore les causes de l'antisémitisme?

R. Il faut le demander à l'antisémite. Pourquoi voulez-vous que je facilite son travail? Qu'il s'explique ou qu'elle s'explique. On a presque tort d'essayer de comprendre l'antisémitisme. Qu'il se débrouille avec ses complexes, ses fantasmes, ses idioties! C'est tellement bête d'être antisémite! Sa haine est puérile! Je suis sûr que ce n'est pas frivole, elle correspond à un acte, et l'acte est souvent désastreux pour nous. L'antisémitisme est tellement enchevêtré d'illusions stupides et d'angoisse absurde. Ils pensent que nous sommes plus intelligents, ils pensent que nous sommes plus riches, ils pensent que nous sommes la conscience ou l'inconscience du monde. On est toujours ce qu'ils ne sont pas. On est toujours ce qu'ils détestent. C'est l'au-delà.

L'antisémite, c'est quelqu'un qui aime haïr. Quand il n'a personne sous la main, alors il déteste le Juif. Quand il déteste un autre, il y associe le Juif. Nous sommes toujours associés à la haine. Quand on aime les hommes, on aime aussi les Juifs, quand on n'aime pas les hommes, automatiquement le Juif est impliqué.

Q. Pensez-vous qu'on pourrait éliminer l'antisémitisme?

R. L'antisémitisme? Non, c'est presque aussi vieux que notre peuple. Quand ce n'est pas violent et quand c'est limité à un petit groupe, on s'y fait, il y a des choses et des gens dans la vie qu'on aime ou qu'on n'aime pas, mais comment limiter en somme le pouvoir de la haine avant qu'elle ne devienne dangereuse?

Q. Pensez-vous qu'Israël aurait pu être créé s'il n'y avait pas eu l'Holocauste?

R. Je pense que chronologiquement, bien sûr que non. Trente ans ont séparé la fin de la guerre et l'Etat d'Israël. Je suis sûr que la souffrance juive a joué, mais je n'aime pas penser que l'Etat Juif en est la conséquence. Ce serait trop terrible.

Q. Avez-vous regretté de ne pas avoir pu combattre dans la guerre de Libération?

R. Oui. Je ne suis pas un combattant, mais cela me manque d'avoir été trop jeune et de ne pas avoir fait de la Résistance quelque part en Europe. J'aurais aimé vivre cette expérience: être initié au mystère du Mal, participer au combat contre le Mal. Cela vaut aussi pour Israël. Cela me manque. J'aurais bien voulu être en Israël avant 1948 et durant 1948.

Q. Dans *Paroles d'Etranger* vous avez écrit: "Depuis toujours, c'est-à-dire depuis que ce mot a une signification pour moi, Israël

occupe une place centrale dans ma vie d'homme, de Juif et d'écrivain".
Pourquoi avez-vous choisi de ne pas vivre en Israël?

R. Je n'ai pas choisi, il ne s'agit pas d'un choix. Je pose la question
parce que je pense que chaque Juif doit se poser la question. Je n'ai pas
pris une décision de ne pas vivre en Israël; on fait des choses parfois
sans y penser. J'étais à Paris, j'étudiais et j'étais journaliste à Paris. Je
venais en Israël comme journaliste et je rentrais comme journaliste. Il
n'y a pas eu de décision nette. c'est comme cela, la séquence des
événements. Il n'y a pas d'idéologie dans cette décision.

Q. Pourquoi écrivez-vous en français. Je sais que vous parlez aussi
l'hébreu.

R. Je n'écris pas en hébreu, sauf des articles. J'ai écrit des articles
en hébreu quand j'avais vingt ans et je travaillais pour un journal
israélien. Alors, je devais écrire des articles sur des problèmes politiques
et autres. Si j'avais vécu en Israël, j'aurais sans doute choisi la langue
hébraïque, mais comme j'ai vécu en France, j'ai fait des études de
français, j'ai écrit en français. Le premier roman que j'ai lu était un
roman français, la première question philosophique qui m'a été posée
était en français. Une langue, c'est une ambiance, donc c'est un monde,
c'est un univers, c'est un enfer, c'est le paradis, c'est tout. J'ai pris cette
langue à une époque très spéciale. Je l'ai gardée.

Q. Et maintenant que vous vivez en Amérique, vous êtes resté
fidèle à cette langue?

R. Absolument. La plupart des livres que je lis sont en français,
même les auteurs américains, je les lis en français.

Q. Vous avez plus de facilité?

R. Non, je préfère rester avec la langue française.

Q. Dans *La Nuit*, vous avez écrit: "Jamais, je n'oublierai cette nuit, jamais je n'oublierai ces flammes qui consumèrent ma foi". Est-ce que cela veut dire que vous aviez perdu la foi à ce moment là?

R. Non, j'ai voulu dire qu'à cette époque-là, il y a eu une révolte en moi, contre Dieu mais dans Dieu et pas sans Dieu. C'est une idée que j'ai essayé d'élaborer par la suite. Un Juif peut être juif avec Dieu et contre Dieu, mais non sans Dieu. Là, j'étais contre bien sûr. Je ne pouvais être que contre j'étais contre tout, contre le monde, contre les hommes, contre l'histoire, contre les religions, contre moi-même et contre Dieu. J'ai tenté de dire non à Dieu, non à cette histoire qui détruisait le monde des hommes et aussi le monde de Dieu.

Q. Dans votre trilogie *La Nuit, L'Aube et le Jour*, vous racontez des expériences personnelles?

R. Non, seulement dans *La Nuit*.

Q. Dans *Le Jour*, le héros est renversé par un taxi comme vous l'avez été...

R. Un détail. Un écrivain peut faire tout ce qui lui arrive. J'ai eu un accident mais tout le reste est imaginaire.

Q. Elie, Elisha, Eliezer, est-ce qu'ils n'expriment pas vos sentiments personnels?

R. Tous mes héros m'expriment ou plus exactement je m'exprime à travers tous. C'est pourquoi je n'arrive pas à écrire 'je' à la place d'un assassin parce que je ne veux pas être un assassin. En général, mes héros sont imaginaires ou imaginés, sauf que bien sûr il y a quelques idées que j'essaie de communiquer d'un livre à l'autre, d'un nom à l'autre. Dans tous les noms, une part se rattache à moi, et l'autre à Dieu.

Q. Est-ce de même avec Moshé, Moshé le Fou, Moshé le Bedeau?

R. Absolument. Tous les Moshé reflètent la même thématique.

Q. Une thématique symbolique?

R. Tous les noms sont symboliques. Je choisis les noms avec beaucoup de prudence.

Q. Ils représentent une obsession?

R. Oui, et peut-être autre chose aussi.

Q. David dans le *Mendiant de Jérusalem* déclare: "Comprenez-vous maintenant que l'amour, qu'il soit personnel ou universel, n'est pas une solution, et qu'en dehors de l'amour, il n'y a aucune solution". Voudriez-vous l'expliquer?

R. C'est David qui le dit à un certain moment. Cela représente un moment de la vie mais pas tous les moments de la vie J'aurais très bien pu dire: L'interrogation n'est rien en dehors de Dieu, mais il ne faut pas généraliser: généraliser c'est limiter. On devrait limiter l'interrogation à l'instant où viennent les pensées que les circonstances ont engendrées. David le dit à cette époque-là parce que Katriel, qui est finalement le héros, lui le dirait. Katriel est sérieux et David est grave.

Q. Un thème qui revient dans vos romans, c'est la démence. La démence semble très proche de la lucidité. Moshé le Fou est plus un maître illuminé qu'un fou qui hallucine. Y a-t-il dans votre pensée une différence entre la démence et la lucidité?

R. Oui, mais c'est une démence différente. *Dans Crépuscule au loin,* oui, il n'y a que des fous. Cela se passe dans une institution de fous.

Cela m'a toujours attiré: une sorte de folie mystique. Cela veut dire quoi? Une sagesse au-delà de la sagesse. J'aime beaucoup ce genre de fous qui ne sont pas contre le monde. Au contraire, ils enrichissent le monde par leur présence comme ils enrichissent le langage par leur silence. Ils forment un monde à côté du nôtre. Un monde qui souffre et qu'on doit aider car Dieu qui l'a créé, est le Dieu de tous les hommes.

Q. Pensez-vous toujours, comme vous l'avez écrit dans *Un Juif Aujourd'hui* que "Le mystère du Mal surpasse celui du Bien"?

R. Comment peut-on comprendre le Bien dans un monde qui avait après tout voulu, créé, imaginé le Mal? Je répète qu'à une certaine époque le Mal dominait avec les attributs de Dieu, voilà ce qui est terrible. Un petit garçon de quinze ans avait été capable de tourmenter mille sages, mille prophètes et mille poètes. Un petit gosse de quinze ans, parce qu'il représentait le Mal, il avait la force, la puissance nécessaire pour faire le mal. C'est cela qui est angoissant, ce mystère-là. Comment exprimer ou expliquer ce mystère? Ce Mal qui trouve ce genre de véhicule?

Q. Vous parlez aussi beaucoup du rire. Par exemple dans les récits *Célébration Hassidique* et *Le Serment de Kolvillàg,* Moshé le Fou réalise quand il est en prison, qu'il n'a pas assez ri et dans la torture, la souffrance, l'injustice, il se met à rire. Voudriez-vous expliquer la signification du rire pour vous?

R. C'est un rire métaphysique. J'en parle encore plus dans le *Testament d'un poète juif assassiné.* Le rire est un problème métaphysique. Pourquoi? Parce que c'est une révolte en général contre soi-même, contre le rire de soi-même, contre Dieu et contre le rire de Dieu. Qu'est-ce qui est pire l'homme qui se moque de Dieu ou Dieu se moquant de l'homme? Dans la mesure où nous pensons que la tragédie est une tragédie tellement dense qu'elle implique une sorte de rire, c'est par ce rire que la tragédie devient silence. Pleurer quand on a mal, ce n'est rien, mais rire quand on a mal, c'est de l'art.

Q. Et le sourire?

R. C'est autre chose. Le sourire représente la sagesse, la finesse. J'aime bien le sourire. Le rire suggère une sorte de violence; le sourire tente d'apaiser le rire.

Q. Le rire est plus puissant. Le rire est au bourreau et le sourire appartient à la victime?

R. Justement, quand le bourreau sourit, il y a un décalage. Cela détonne.

Q. L'effet des larmes détonne aussi. Dans *La Nuit,* votre ami· dans le camp arrivait par des larmes à attendrir le bourreau.

R. C'est rare. J'ai voulu montrer le côté exceptionnel de la chose.

Q. Vous n'employez pas souvent les larmes ou les pleurs.

R. Je n'aime pas la sentimentalité. J'aime ce qui n'est pas dit. J'aime les larmes qu'on ne verse pas, les cris qu'on ne pousse pas.

Q. Et le silence?

R. Oui, le silence. D'autres silences.

Q. Les Juifs du Silence?

R. Il y a silence et silence. Il y a le silence coupable. Quand on reste silencieux en face de l'injustice, c'est criminel, mais il y a d'autres silences: celui qui se veut réponse, celui qui devient réceptacle de la parole, le silence qui déborde. Quand on a trop de choses à dire, il ne faut rien dire.

Q. Vous-même, vous aviez d'abord choisi le silence après être revenu du camp. Vous pensiez que vous ne pouviez pas parler?

R. C'est cela. Je parlais bien sûr, mais pas de cette période-là. En puissance, je ne voulais rien dire.

Q. C'était trop pénible?

R. Ce n'était pas cela. C'était pour trouver le langage, pour le purifier, pour me diriger quelque part et me trouver moi-même.

Q. Pensez-vous qu'on puisse échapper aux pièges du langage?

R. On ne peut pas échapper au langage comme on ne peut pas échapper aux pièges que pose le langage. On n'a pas le choix, le langage fait partie de la vie.

Q. Comment voyez-vous votre rôle d'écrivain maintenant que vous avez reçu le Prix Nobel?

R. Ma vie n'a pas changé.

Q. Vous avez déclaré que cela va aider...

R. Bien sûr, cela peut aider. Cela donne un volume à ma voix. On m'écoute. Cela aide certaines gens que je veux aider. Le Prix Nobel, c'est une mystique. Au-delà de ma personne, c'est M. Nobel, à travers moi qui fait tout le bruit. Je ne suis personne.

Q. Cela vous donne plus de poids.

R. De l'autorité? Parfois.

Q. Peut-être que des gens qui ne vous écoutaient pas, vous écouteront.

R. Ils n'ont pas le choix, parce qu'ils écoutent M. Nobel, pas moi. C'est M. Nobel qu'ils pensent trouver en moi. Je veux bien. Cela ne me gêne pas.

Q. En plus d'être écrivain, vous êtes aussi professeur. Comment voyez-vous votre rôle de professeur?

R. Je continue de travailler avec mes étudiants. J'ai fait un pacte avec eux: "Ecoutez, je ne veux pas d'histoires. On n'est pas là pour faire du bruit. On continue comme avant". Ils ont accepté. Ils n'avaient pas le choix. Je suis assez sévère. Non, je ne suis pas vraiment sévère: je ne veux pas me fâcher, mais ils respectent mon désir.

Q. Quels sont les cours que vous donnez?

R. C'est difficile à préciser. Je ne répète que très rarement un cours. J'en change toujours. En général, ce sont des Humanités, au sens humain, les Sciences Humaines; c'est pluri-disciplinaire. C'est l'histoire, la littérature, la philosophie, la religion, la mythologie, la morale, la littérature ancienne, grecque, latine, hébraïque, talmudique. Tout est dedans. Une fois, j'ai fait un nouveau cours sur une étude comparée "La Mort des Grands Maîtres". C'était dans leurs textes respectifs : La mort de Moïse, la mort de Jésus, de Bouddha, de Socrate. J'aime préparer un cours. Cela prend beaucoup de temps, mais j'ai une passion pour l'étude.

Q. C'est la raison pour laquelle vous enseignez?

R. J'adore étudier. J'investis quatre ou cinq heures de préparation pour chaque heure que j'enseigne.

Q. Avez-vous choisi d'enseigner à Boston University?

R. C'était par hasard. Avant, j'étais professeur à New York, à City College.

Q. Vous continuez d'enseigner à Boston, malgré tous vos voyages partout dans le monde?

R. J'ai rarement manqué un cours. Il m'est arrivé de rentrer spécialement de Paris pour un cours et repartir: je respecte mes étudiants. Depuis que j'enseigne, je ne pense pas avoir manqué plus de quatre ou cinq heures de classes.

Q. Vos étudiants ont de la chance. Vous enseignez un cours ou plusieurs cours?

R. Un cours par semestre, et ensuite trois conférences publiques à la place du second cours et aussi la direction de thèses.

Q. Limitez-vous le nombre d'étudiants dans vos cours?

R. Cinquante étudiants par semestre.

Q. Personne ne vous aide?

R. Si, j'ai deux assistants qui lisent les dissertations.

Q. Parmi les auteurs français, quels sont ceux qui vous ont influencé ou qui ont été vos maîtres à penser?

R. Difficile à répondre parce que je me situe à l'intérieur du Judaïsme. Bien sûr, j'ai beaucoup lu, mais c'est à la source juive que je puise.

Q. Dans le Livre de Job?

R. Dans la Bible, les Livres Hassidiques, les oeuvres littéraires et philosophiques de la religion juive.

Q. Vous en parlez dans vos conférences à l'Y.M.C.A. (The young men's and young women's Hebrew Association) à New York?

R. Oui, au Y. Je travaille deux ou trois mois pour chaque conférence. La recherche exige deux mois minimum par conférence.

Q. Vous faites les conférences avec tant de naturel, d'humour et d'aisance qu'on ne se doute pas de toute cette préparation. C'est à la fois divertissant et enrichissant.

R. C'est énormément de travail, mais tous les cinq ou six ans j'en tire un livre: *Célébration Hassidique, Célébration Biblique.* Cela vient de ces leçons.

Q. C'est votre femme qui traduit vos oeuvres?

R. Oui, depuis notre mariage, c'est elle qui traduit toutes mes oeuvres.

J'ai une cantate qui a été jouée au Y.M.C.A. Un chant pour l'espérance. Ensuite, je prépare *Une célébration talmudique.*

Q. Comment trouvez-vous le temps de faire tout cela?

R. Je mange peu, je dors peu et je n'ai pas de vie sociale.

Q. Je vois que vous lisez *L'Infini,* y a-t-il des auteurs contemporains qui vous intéressent?

R. Il y en a. Il y a des jeunes qui sont intéressants, mais je ne veux pas en parler parce que si je nomme l'un, l'autre sera fâché.

Q. Pourquoi êtes-vous allé au procès de Klaus Barbie?

R. On me l'a demandé. Tous les avocats, tous les procureurs, il y en a une cinquantaine, m'ont demandé de venir déposer comme témoin d'intérêt général. J'ai essayé de leur dire: "Ecoutez, je ne connais pas Barbie, je ne l'ai jamais rencontré. Donc, ce n'est pas dans le domaine de ma compétence et je ne suis pas Français". Ils prétendent que c'est important.

Q. C'est une raison symbolique?

R. Exactement. Moi je n'aime pas me produire en public, mais pour un procès comme celui-là, quand les autres me sollicitent, je n'ai pas le droit de refuser.

Q. Vous avez beaucoup lutté et vous luttez toujours pour les Juifs soviétiques opprimés. Pensez-vous qu'il y aura un changement avec ce qui se passe maintenant en Russie?

R. Comment savoir? D'un côté, il y a de très bons signes. Depuis ma visite d'octobre, j'ai vu des Juifs venir ici, quelques uns, mais quand je pense aux hommes et aux femmes qui sont toujours là-bas, quand je pense à mes amis qui sont toujours là-bas, comment être optimiste?... C'est très difficile de savoir. J'oscille entre l'optimisme et le pessimisme.

Q. D'ailleurs, comme a dit Camus: de nos jours l'homme doit choisir "être un optimiste qui pleure ou un pessimiste qui rit". Où vous situez-vous?

R. Tout dépend de la situation. Quand tout le monde est

pessimiste, je suis optimiste et quand tout le monde est optimiste, je suis pessimiste.

Q. Vous avez été plusieurs fois en Russie?

R. J'ai été quatre fois en Russie, mais je pense qu'on ne peut pas déchiffrer le code russe. Leur cerveau ne fonctionne pas comme le nôtre. Leur système nerveux est diffèrent du nôtre. Alors, comment savoir? Est-ce que Gorbatchev veut faire plus mais ne peut pas?... Est-ce qu'il peut faire plus mais ne veux pas?... Qui l'empêche? On ne peut pas savoir.

Q. Avez-vous trouvé que les Juifs soviétiques étaient extrêmement opprimés?

R. J'ai dit qu'ils étaient très courageux et très opprimés.

Q. Et l'assimilation des Juifs soviétiques?

R. Je n'ai pas rencontré de Juifs assimilés. C'est toujours mon problème. Je ne rencontre que ceux qui ne le sont pas.

Q. On a parlé dans les médias de Juifs assimilés qui étaient heureux.

R. Moi, j'ai vu des milliers de Juifs quand j'étais là-bas. Il y avait environ trente mille Juifs qui sont venus de partout en Russie pour se rencontrer, pour me rencontrer. C'est toujours la même histoire extraordinaire: ils osent défier le régime, parce qu'ils veulent rester Juifs.

Q. Alors, ils étaient libres de vous rencontrer, de vous voir et de parler?

R. Ils n'avaient pas peur parce que j'étais là, entouré de policiers du K.G.B. Les policiers ne tenaient pas à faire un scandale.

Q. Vous secourez toujours les opprimés. Est-ce qu'il y a un groupe auquel vous pensez pouvoir venir en aide, par exemple en Afrique du Sud?

R. Chacun de nous doit faire son choix. Je suis prêt à faire n'importe quoi pour n'importe qui, mais en tant que Juif, ma priorité va pour les Juifs. Je mentirais si je ne disais pas cela. Ma priorité n'est pas exclusive, mais... Ce matin, des Cambodgiens m'ont appelé. Ils voulaient que je vienne à une conférence de presse avec eux parce qu'on a oublié le Cambodge. Or, le Cambodge, c'était un massacre, presque un génocide. J'ai dit oui bien sûr. Là rien à faire. Donc, demain je porterai témoignage en faveur des Cambodgiens.

Q. Croyez-vous qu'il y ait un moyen d'éviter le terrorisme?

R. Je n'ai pas fait de Sciences Politiques. Ce que je vous dis, c'est du point de vue humanitaire. Je suis humaniste à ma manière. Je pense qu'il faudrait d'abord avoir une conférence au sommet uniquement consacrée au terrorisme parce que si toutes les grandes puissances le voulaient, il n'y aurait pas de terrorisme. C'est quoi le terrorisme? C'est quelqu'un qui trouve des abris ou des refuges dans des pays divers. Si toutes les frontières se ferment, il n'y a pas de terrorisme. Il faudrait une conférence au sommet pour fermer les frontières.

Q. Mais il faudrait convaincre les pays arabes et vous pensez que cela serait possible?

R. C'est possible, si les grandes puissances le voulaient.

Q. Mais les petites nations le feraient-elles?

R. Là encore, si les grandes puissances insistent, les petites nations le feraient aussi.

Q. Etes-vous inquiet pour Israël?

R. Toujours inquiet. C'est un petit pays qui vit entouré de cent millions d'arabes dont beaucoup son hostiles. On cherche une solution. Comment résoudre cela? Comment aider Israël à sortir de ce cycle de la haine? Je ne sais pas.

Q. Et la division des Israéliens?

R. C'est terrible comme est terrible la division des Juifs dans le monde. Néanmoins, il faut être logique. Il faut reconnaître que cette division existe partout, chez tous les peuples. Vous pensez que le Flamand et le Francophone de Belgique ne se détestent pas?... Les deux Irlandes? La Sicile et la France? Le Basque et l'Espagne? C'est ainsi partout. On assiste à une fragmentation de l'humanité.

Q. Quelle est votre vision du monde contemporain?

R. Assez pessimiste. Je pense que le monde va très mal. Si on n'est pas prudent, si on laisse faire, cela peut être la fin de la planète.

Q. Que pensez-vous de la menace nucléaire?

R. Les armes sont là. Les fous sont là, les vrais fous, les bêtes, les dangereux.

Q. Kadafi, Khomeiny?

R. Si Khomeiny était arrivé cinq ans plus tard, il aurait trouvé un arsenal atomique offert par les Américains.

Q. Croyez-vous que la mort nucléaire soit proche?

R. Elle est possible. Je pense que la menace existe. Il faut tout faire pour secouer les gens.

Q. Qu'est-ce qu'on peut faire?

R. Enseigner, crier, informer. On a encore quelques années, assez de temps pour éduquer la prochaine génération.

Q. Mais les jeunes sont tous préoccupés de cela. Enfin, ceux avec qui je suis en contact.

R. Justement.

Q. Les jeunes ne tiennent pas le pouvoir...

R. Oui, mais dans vingt ans, ils auront le pouvoir.

Q. Une dernière question. La fête de Pesach pour vous, c'est la dernière fête que vous ayez célébrée avec votre famille. Comment voyez-vous cette fête à chaque fois?

R. C'est une fête mélancolique. Je me rappelle que c'était la dernière fête. Elle suscite toujours en moi une profonde mélancolie: les chants, les paroles qu'on récite, les ombres qui se profilent dans la maison. N'empêche, j'aime cette fête. Peut-être parce qu'elle me rapproche de la dernière fête.

New York, avril 1987.

Le Palais de l'Europe et les immeubles du Parlement Européen à Strasbourg.
Photo: Parlement Européen

10. Edgar Morin

On pourrait appeler Edgar Morin "l'homme de la connaissance universelle" car son gai savoir s'étend de la sociologie à l'anthropologie, l'ethnologie, la philosophie et jusqu'à la biologie et la chimie. Dans son oeuvre, il jette des ponts entre toutes ces différentes sciences. Il s'oppose à la spécialisation des disciplines pour les ramener à des phénomènes simples. Pourtant, il se veut penseur de "la complexité" car les sciences contemporaines progressent de façon souvent contradictoire et l'on doit tenir compte de la complexité de la matière; même les lois scientifiques sont soumises à des phénomènes changeants, telles les nouvelles galaxies qui se créent... Pour Morin, il faut retrouver une pensée multidimensionnelle: la philosophie a besoin de la science comme la science de la philosophie. Toute science est tissée dans une culture et on ne peut, selon lui, isoler les objets de leur environnement. Morin travaille pour la fin des démarcations entre les sciences physiques et les sciences sociales. Dans ce projet ambitieux et fascinant, il met en cause notre façon traditionnelle de concevoir le monde pour promouvoir une synthèse du savoir contemporain et établir des rapports féconds entre diverses disciplines.

Morin, l'homme, à aussi de multiples dimensions. Il y a Morin, le résistant au nazisme et au stalinisme; Morin le cinéaste collaborateur de

Jean Rouch pour le film *Chronique d'un été*; Morin, le directeur de recherches au C.N.R.S. (Centre National de la Recherche Scientifique) au Centre Transdisciplinaire (Ecole des Hautes Etudes en Sciences Sociales); Morin, l'animateur de colloques dans le monde entier; le Morin de *La Lettre Internationale*, revue trimestrielle publiée en quatre langues; le Morin qui nous propose une nouvelle vision de l'Europe dans *Penser l'Europe*.

Morin révolutionne notre façon de comprendre le monde et son oeuvre se situe à la croisée des sciences de l'homme. Il interroge non seulement "la scientificité de la science", mais il questionne, au coeur des savoirs contemporains, nos valeurs et nos vérités. C'est peut-être avec un esprit aussi riche, aussi fertile et aussi pluraliste que l'avenir offre le plus d'espoir.

Ce pluralisme se manifeste avec une particulière richesse dans une série d'essais intitulée *Pour sortir du vingtième siècle* (Fernand Nathan, 1981). Cet ouvrage encyclopédique foisonnant d'idées passe en revue tous les acquis comme toutes les interrogations de cette fin de siècle dans le domaine de l'information et de l'action. Ils se résument assez bien par ce jeu de mots: les maîtres mots et les maîtres maux. Parmi ces derniers, le problème de la connaissance reste entier car "nous connaissons de mieux en mieux la nature et la composition physique de l'univers (...) mais nous sommes de plus en plus incertains sur son origine, sa destination, notre destinée". Nous en sommes arrivés, paradoxalement, à la **science-problème** à qui il manque "la connaissance de sa connaissance". Ainsi sommes-nous plongés "dans le nécessaire désenchantement".

Pourquoi la science n'a-t-elle pas progressé sur le plan de la connaissance d'elle-même autant que sur la connaissance des objets? Tout simplement parce que l'esprit humain est pétri d'imagination, de mythes, de croyances et qu'il est très facile de bâtir un système de rationalisation sur les prémisses erronnées. Autrement dit la méthode peut être juste, mais l'objet de la recherche peut être faux. "L'expérience vécue du réel se heurte toujours à l'image abstraite du réel qui est le plus souvent plus forte qu'elle, c'est-à-dire que l'irréel (l'idéologie, le mythe) est plus fort que le réel et le brise". Cela revient à dire que l'on ne voit jamais que ce que l'on veut bien voir.

Comment éviter les grandes dérives idéologiques, comment savoir, comment déjouer les erreurs? Il ne s'agit pas d'abandonner les idées ni d'adopter une attitude de repli frileux. Bien qu'être un intellectuel ne soit "ni un métier, ni une carrière", l'intellectuel a une fonction, qui est la vigilance contre l'erreur, le rejet de l'autosatisfaction et aussi de l'excommunication. Car "le combat contre l'erreur coïncide avec le combat contre soi-même, lequel coïncide avec le combat pour soi-même".

Ainsi, à l'aube du vingt-et-unième siècle, l'humilité est elle de mise, mais aussi un combat acharné contre les forces de destruction. "Chacun vit une pluralité de vies, sa vie propre, la vie des siens, la vie de la sociétéé, la vie de l'humanité, la vie de la vie". Savoir voir, c'est aussi savoir vivre, au sens fort du terme. Sortir du vingtième siècle, c'est alors redéfinir l'objet de la recherche à entreprendre, prendre le risque de la confiance et de la foi. Sortir du vingtième siècle c'est ne pas se laisser posséder parce que l'on possède, fut-ce le savoir. Sortir du vingtième siècle, c'est "ne pas s'imaginer connaître le présent sous prétexte que nous y sommes". Sortir du vingtième siècle, c'est comprendre et accepter le fait que "le futur sera un cocktail inconnu entre le prévisible et l'imprévisible. Sortir du vingtième siècle, c'est "susciter une émergence d'humanité supérieure aux nations". Sortir du vingtième siècle, c'est répondre à la question "comment veiller devant le néant sans va ciller dans le néant?" par:"pitié, commissération et miséricorde pour le condamné à mort qu'est l'homme". Sortir du vingtième siècle, enfin, c'est bâtir l'universel, "semer, s'aimer"*.

Les auteurs auxquels il sera fait allusion dans ce chapitre sont les suivants:

Raymond Aron : *Introduction à la philosophie de l'histoire : essai sur les limites de l'objectivité historique* (Gallimard, 1986). **David Bohm** : *le Temps aboli, dialogues* (éd. du Rocher, 1987). **Niels Bohr** : *Physique atomique et connaissance humaine* (éd. Gauthier-Villars, 1972). **Emile Durkheim** : *Sociologie et philosophie* (Presses Universitaires de France, 1974). **Bernard d'Espagnat** : *Une incertaine Réalité : le monde quantique, la connaissance et la durée* (Gauthier-Villars, 1985). **Georges Friedmann** : *la Puissance et la sagesse* (Gallimard, 1977). **Edmund Husserl** : *la Crise de l'humanité européénne et la philosophie* (Aubier-Montaigne, 1987). **Lucien Lévy-Bruhl** : *la Mentalité primitive* (éd. Retz, 1976). **Jan Patocka** : *Essais hérétiques sur la philosophie de l'histoire* (Verdier, 1982). **Ilya Prigogine** : *la Nouvelle alliance : métamorphose de la science* (Gallimard, 1986). **Susan Sontag** : *la Maladie comme métaphore* (Seuil, 1979). **Max Weber** : *le Savant et le politique* (Plon, 1959). **Alfred N. Whitehead** : *la Fonction de la raison* (Payot, 1969).

EDGAR MORIN

Q. Vous avez créé des passages entre les sciences dites dures et les sciences humaines, quelle place accordez-vous à la philosophie?

R. La question suppose que l'on ait une vision claire de ce qu'est la philosophie et de ce qu'est la science. On peut définir la philosophie comme une activité réflexive de l'esprit sur les problèmes fondamentaux, alors que la science est une activité objective portant sur des données empiriques. Jusqu'au dix-septième siècle, la philosophie se nourrit de connaissances scientifiques, mais depuis le divorce s'est établi et il s'est aggravé au début du XXème siècle. Or la philosophie et la science sont indispensables l'une à l'autre. De fait, les avancées de la science dans le domaine de la physique et de la cosmologie ramènent les problèmes philosophiques fondamentaux. Vous avez même aujourd'hui des physiciens qui sont des philosophes sauvages, comme d'Espagnat, Prigogine, Bohm et bien d'autres, sans parler de la génération des Bohr et Einstein. Ces physiciens ont posé les problèmes philosophiques de la matière, du réel. La biologie et l'écologie posent les problèmes philosophiques des rapports entre l'homme et la nature. Il y a un appel pour que la science devienne réfléchie et puisse se penser elle-même. Husserl avait très bien diagnostiqué qu'il y avait un trou noir dans la pensée scientifique: l'incapacité de se regarder elle-même. La science ne sait pas ce qu'elle fait, ne sait pas où elle va et là aussi, elle nécessite une réflexivité nécessairement philosophique. D'un autre côté, je pense que la philosophie risque d'être exsangue si elle ne se nourrit pas de tout ce qu'apporte la science.

La philosophie a toujours tenté d'être une vision du monde et une vision de l'homme. Or l'homme est à la fois de nature biologique, sociale et économique. On ne peut pas parler de l'homme en le mutilant d'une de ses dimensions. On ne peut pas parler de la vie sans se référer à l'organisation biologique qui est d'une complexité inouïe, même dans la plus humble bactérie. Autrement dit, la philosophie a besoin de la science et la science de la philosophie. Il est bon qu'il y ait des hybridations. Moi, j'essaie de faire la navette entre science et philosophie, ce qui me vaut souvent d'être rejeté par les philosophes pour n'être pas vraiment philosophe et par les scientifiques pour n'être pas vraiment scientifique. Je fais ce qui m'intéresse et me semble vraiment nécessaire. Maintenant si je prends l'exemple de la science dans laquelle je suis professionnellement inscrit: la sociologie, la sociologie ne s'accomplit pas en se détachant de la philosophie, elle s'accomplit en intégrant le point de vue philosophique. Beaucoup ont cru qu'on allait pouvoir faire de la société une science à l'image de la physique du dix-neuvième siècle, un pur déterminisme. En réalité, on s'est rendu compte que la société est terriblement complexe, et il faut se rendre compte qu'une science de la société sans réflexion sur la société n'a pas de sens. De toute façon, nous n'aurons jamais une connaissance rigoureuse de la société. Notre connaissance est lacunaire et incomplète. De plus, la société change selon des processus qu'on ne peut prévoir. Il y a des phénomènes d'invention et de création qu'on ne peut connaître à l'avance. Le propre d'une création, c'est qu'on ne peut pas savoir à l'avance ce qui va être créé.

Dans ces conditions, le sociologue est quelqu'un qui essaie de réunir le maximum de matériaux vérifiés et vérifiables sur le problème qui l'intéresse, afin d'y introduire sa propre réflexion. Le sociologue ne peut être qu'un hybride en liant une réflexion philosophique à des connaissances empiriques. Dans le fond, tous les grands sociologues depuis Marx, Weber et Durkheim jusqu'à Friedmann et Aron ont introduit une méditation philosophique dans leurs travaux. Nous ne pouvons nous empêcher de réfléchir sur ce que nous étudions: l'évolution, les transformations, le progrès, la technique, etc. Moi, je verrais beaucoup plus la nécessité d'un commerce de plus en plus intensif entre les activités philosophiques et scientifiques qui chacune ont leur sphère ou leur noyau, mais qui peuvent et doivent s'entrecroiser l'une ou l'autre.

Q. A propos du sociologue, vous avez écrit que le sociologue n'est pas seulement dans la société mais que la société est aussi en lui, qu'il est possédé par la culture qu'il possède et donc vous posez bien entendu la question de l'objectivité. Comment peut-on être en même temps à l'intérieur et à l'extérieur de la société? Comment peut-on être objectif aujourd'hui?

R. Sur cette question de l'objectivité, il faut faire une distinction importante entre l'objectivité des données, l'objectivité de certains faits ou de certaines relations comme par exemple la relation entre la lune et la terre et celle d'une théorie. Une théorie n'est jamais objective en elle-même. C'est une construction de l'esprit, une hypothèse qui peut se trouver vérifiée pendant un temps, qu'on abandonne à la lumière de nouveaux faits. Les théories scientifiques, comme l'a dit Whitehead sont plus changeantes que la théologie. Les théories ne sont pas objectives, mais elles se fondent sur des données objectives par exemple le calcul qu'ont fait les astronomes chaldéens et babyloniens et qui ont établi des corrélations entre les mouvements des planètes et pouvaient prédire même des éclipses. Ces calculs étaient objectifs bien que la théorie ptolémaïque qui faisait de la terre le centre de l'univers fût fausse. Donc, il y a de l'objectivité, mais elle est toujours provinciale, éparse dans ses théorie. Une conception du monde n'est pas objective, mais elle est élaborée à partir de données objectives. Cela étant dit, on peut trouver dans les faits et dans les relations entre les faits, quelque chose d'objectif: par exemple, ceci est une table, ce n'est pas une chaise. Un autre exemple: comment a éclaté la guerre de Corée? Les Nord-Coréens disaient que les Sud-Coréens avaient attaqué. Les Sud-Coréens disaient que c'était les Nord-Coréens. Maintenant nous savons que ce sont les Nord-Coréens parce qu'il y a eu depuis beaucoup d'informations et des concordances d'informations. Il y a d'autres phénomènes qui sont objectifs mais dont l'interprétation reste théorique. Par exemple, comment a éclaté la guerre de 14? La guerre de 14 a éclaté après un attentat commis à Sarajevo par un révolutionnaire croate contre l'archiduc d'Autriche. L'Autriche a adressé un ultimatum à la Serbie, la Russie a mobilisé à ce moment-là, après cette mobilisation l'Allemagne a mobilisé, la France a mobilisé et l'Allemagne a attaqué la France. Alors on se rend compte que la guerre est le produit d'un processus complexe tourbillonnaire qui s'est déclenché. Pendant longtemps, les historiens allemands ont dit: "C'est la faute aux Russes". Les Français ont dit: "C'est la faute aux Allemands". Si on se limite au processus de la mobilisation, c'est les Russes. Si on prend uniquement l'entrée en guerre, ce sont les Allemands. Ce qui est objectif, c'est que la mobilisation russe a eu lieu à tel moment, que l'attaque allemande a eu lieu à tel moment, que l'attentat lui-même a eu lieu à tel moment. Quand on veut comprendre, on présente des théories plausibles qui essaient de rendre compte des phénomènes objectifs. Voilà pour l'objectivité. Pour les phénomènes sociaux, la sociologie peut avoir des vues objectives, mais aucune théorie sociologique n'est objective.

La question du statut du sociologue est complexe: il est dans une situation que j'appelle hologrammatique, parce que dans l'hologramme, chaque point contient la totalité de l'information de l'ensemble de l'image. Non seulement le sociologue est dans la société, mais la société est en lui. Or on peut croire au départ que c'est la première proposition qui rend difficile la vision sociologique; si le sociologue n'est qu'une petite partie de cette société comment peut-il accéder au tout? Il faut faire un effort si on est conscient qu'on est une toute petite partie de la société. Il faut essayer de dépasser cette position particulière. Mais la seconde proposition est beaucoup plus grave, parce que si la société est en nous, elle nous possède d'une façon inconsciente, c'est-à-dire aussi bien par notre langage, notre culture, nos idées acquises qui nous sont évidentes: tout ceci nous conduit à une vision du monde que nous croyons naïvement objective, mais qui est simplement la projection des règles et des valeurs qui nous sont imprimées par notre culture. Pourquoi les anthropologues au début de ce siècle, comme Lévy-Bruhl, se sont-il tellement trompés sur les sociétés qu'ils appelaient primitives? Parce qu'ils croyaient que la rationalité était accomplie dans le monde occidental. Ils pensaient que le monde occidental était un mode d'adultes raisonnables et que ce qu'ils appelaient des primitifs étaient comme des enfants semi-névrotiques vivant dans un univers magique. Ils oubliaient que ces civilisations archaïques, y compris les civilisations préhistoriques, ont été hyperrationnelles dans le traitement technique des objets et de la connaissance de la nature. Wittgenstein* avait déjà vu que les sauvages qui se seraient bornés à dessiner sur des murailles des envoûtement où on perce des bisons seraient morts de faim. En fait, ils savaient très bien faire la vraie chasse et établir des stratégies efficaces.

Le sociologue tend immédiatement à faire du sociocentrisme, et c'est là où la société le possède dangereusement. On a l'impression que notre société est le centre du monde. On oublie que c'est un moment dans l'histoire et que c'est un des multiples types de société possibles. Il faut que le sociologue sache qu'il fait partie d'un tout et qu'il sache comment ce tout nous possède. Peut-on échapper à cette possession? On peut du moins se référer aux autres types de société, qu'on ne doit pas considérer à priori comme inférieures par rapport à nous, sociétés étrangères et anciennes. Une fois que nous sommes capables de voir en dehors de nous et en arrière, nous commençons à être capables, non pas d'échapper à notre société, personne ne le peut, mais d'essayer de construire un mirador. Je pars de cette image: nous sommes dans un camp de concentration, mais les détenus que nous sommes peuvent élever des miradors. Une fois que nous sommes sur ces miradors, nous pouvons voir plus ou moins ce qui se passe dans notre camp et ce qui se passe à côté. On peut voir l'horizon; on ne sait pas se qui se passe vraiment à l'horizon, mais on peut avoir ce que j'appelle un méta-point de vue. L'effort du sociologue ou de l'historien, de toute personne qui

* Ludwig Wittgenstein, philosophe et linguiste né à Vienne en 1889.

se penche sur la société passée, future ou présente, est d'essayer d'avoir un méta-point de vue. Ce n'est pas le point de vue de Sirius. Ce n'est pas non plus le point de vue d'un méta-système. Je fais une distinction entre méta-point de vue et méta-système. Un méta-système signifiera que nous pourrions nous situer au-dessus de la société et de l'humanité. Nous ne sommes pas méta-humains et nous ne sommes pas dans une méta-société. Nous ne pouvons pas avoir un méta-langage, nous sommes obligés d'avoir notre langage "naturel" et les langages mathématiques formalisés ne sont pas des méta-langages. C'est avec notre langage que nous parlons sur le langage, avec notre humanité que nous parlons de notre humanité. D'où effectivement, la limite et l'incertitude de notre point de vue, mais ce n'est pas parce que l'on n'a pas un méta-système qu'on ne peut pas avoir ses méta-points de vue qui sont comme autant de miradors. C'est pour cela que l'image du mirador m'est utile pour exprimer ce que je peux dire. Le sociologue doit être conscient de ce double phénomène: sa particularité qui le rend partiel et partial et en même temps le fait qu'il est possédé par le tout sans qu'il le sache. Je dis "possède" et j'accorde une grande importance à tous les phénomènes de possession. Nous sommes possédés par les idées, par la société, par les mythes.

Q. Voyez-vous des rapports entre l'anthropologie et la sociologie?

R. En ce qui me concerne, je me dis "anthropo-sociologue". Je suis pour une science multidimensionnelle de l'homme. Le mot sociologie n'est pas cloisonné pour moi. J'aime bien le mot anthropologie , non pas dans le sens universitaire, mais dans le sens littéral: il désigne l'unité des sciences de l'homme, c'est la science de l'homme qui évidemment est pluriramifiée. J'étudie des phénomènes et je sais que tout phénomène a une dimension psychologique, économique, sociale et démographique, etc. Tout phénomène est immergé dans l'histoire et tout ce que j'ai traité a été situé dans l'histoire. La dimension biologique intervient aussi quand c'est nécessaire. Ainsi dans mon livre

L'Homme et la Mort *, je suis obligé de considérer l'homme biologique, à la différence de la vision courante académique qui sépare d'un côté, l'homme biologique et de l'autre côté, l'homme culturel. l'être humain est totalement biologique et totalement culturel. Dans ce livre, j'ai voulu voir la dimension proprement biologique de la mort qui rend l'homme identique à tous les autres êtres vivants et la dimension mythologique de la mort qui rend l'homme différent de tous les autres êtres vivants. Je pense que le compas de l'anthropologie doit être extrêmement ouvert. On ne doit jamais oublier la dimension mythologique de l'homme. Je pense que la société humaine ne peut pas vivre sans mythes. Les mythes ne sont pas propres aux sociétés dites archaïques. Nos sociétés ont leurs mythes, notamment les mythes nationaux.

Malheureusement, le mot d'anthropologie est trop limité et équivoque dans les sciences humaines. Il est très large en dehors, dans l'anthropologie philosophique, qui relève d'une tradition beaucoup plus allemande que française.

On a tendance à séparer les champs d'investigation et à les fermer en disciplines. Moi, je traite d'un objet ou d'un sujet qui excède le cadre d'une discipline et en chevauche plusieurs. Ainsi, quand j'ai traité l'homme et la mort, j'ai recouvert, non seulement les sciences humaines, mais aussi la biologie, puisque la mortalité de l'homme relève de sa nature biologique. Dans mon étude sur une commune en Bretagne *La Métamorphose de Plodemet* **, je traite des aspects multidimensionnels de la vie de cette commune. C'est dans des objets très étroits et très isolables qu'on peut s'enfermer dans une discipline. Dès qu'on arrive à des problèmes profonds, on dépasse la discipline.

Les esprits disciplinaires se justifient en croyant qu'il ne faut pas avoir d'idées générales ou globales. Tout d'abord, je dis que

* Editions du Seuil, 1970.
** Editions Fayard, 1967.

l'affirmation qu'il ne faut pas avoir d'idées générales ou globales est une idée générale et globale. Je dis ensuite que nul ne se passe d'idées générales et globales y compris les spécialistes. Chacun a des idées globales sur la vie, sur la mort, sur l'amour, sur la famille. Et si le spécialiste refuse de les envisager avec sérieux, ses idées seront d'autant plus frivoles et arbitraires. J'ajoute que nous sommes à une époque où les problèmes les plus criants ont une dimension globale inévitable. Quand on parle de la famine, c'est un problème planétaire. L'écologie, c'est un problème de la biosphère. On est aujourd'hui dans une civilisation où tous les membres de l'humanité sont inter-solidaires. Tout ce qui ne tient pas compte du contexte global est impertinent et erroné. Les détails n'ont de sens que dans leur contexte, sinon ce sont des futilités. Nous sommes impérieusement sollicités dans tous les domaines de la vie par le global. C'est par une simple et pure obéissance à des principes qui nous ont été inculqués à l'université, que nous pensons qu'il est sain de rejeter les problèmes globaux. Du coup, l'on est condamné à subir les conséquences de toutes les erreurs des spécialistes, des techniciens et des technocrates!

Q. Dans *Science avec conscience* *, vous avez parlé de la faillite de la science. Comment peut-on améliorer l'état de la science?

R. Je n'ai pas parlé de la faillite de la science. C'est un terme qui n'est pas le mien. J'ai parlé de l'ambivalence de la science. J'ai parlé des carences de la science. La science est un processus profondément ambivalent. C'est un peu plat de dire que c'est comme la langue d'Esope, selon l'usage qu'on en fait. L'ambivalence est plus profonde: elle est dans l'idée de science expérimentale. La science expérimentale porte en elle le développement du pouvoir des manipulations. La mesure, la précision et le dégagement des lois et algorithmes permettent de manipuler. Ainsi la connaissance de la structure de l'atome a permis

* Editions Fayard, 1982.

au bout d'un certain temps de faire des bombes atomiques. Ces puissances manipulatrices ne sont contrôlées ni par les scientifiques, ni par les politiques et encore moins par les citoyens. Je crois que cette ambivalence profonde de la science, elle, mérite d'être examinée par les scientifiques et les citoyens. Nous sommes dans une époque, en fait, de régression démocratique parce que beaucoup de problèmes qui étaient, jusqu'à présent privés ou biologiques, sont entrés dans la politique mais échappent au contrôle politique du citoyen: la naissance, l'enfantement, l'intervention génétique, la survie végétative en coma prolongé posent des problèmes-clés. Tous ces problèmes apparemment techniques ou scientifiques sont également politiques. La question d'avoir des enfants, les mères porteuses, les enfants artificiels, l'attitude à l'égard des mourants, sont des problèmes extrêmement graves. Ils sont réservés à des comités "bio-éthiques" d'experts. Les citoyens ne sont pas consultés. On arrive donc à une conception ésotérique de la connaissance, pire que celle des empires chaldéo-babyloniens. Nous avons des problèmes capitaux et fondamentaux qui sont posés par les développements des sciences. Ainsi la science se développe en aveugle et nous ne saurons si ses aspects pernicieux seront inhibés que dans un ou deux siècles, où l'on verra si la mort thermonucléaire ou l'asservissement général par manipulation auront vaincu ou été vaincus.

Je crois qu'il faut changer le mode de penser qui nous empêche de prendre conscience de ces problèmes. C'est pour cela que je milite pour une réforme de l'entendement. Il faut comprendre que nous sommes encore dans la préhistoire de l'esprit humain et non pas son épanouissement.

Q. Vous avez parlé de "l'âge de fer planétaire"...

R. L'âge de fer planétaire veut dire ceci: nous sommes entrés dans l'ère planétaire, à partir de la découverte de l'Amérique en 1492. On a su que la planète était une et les premiers échanges ont commencé, avec les premiers échanges microbiens: ils sont devenus culturels,

170

religieux, économiques, techniques, idéologiques. Les interactions et rétroactions se multiplient. Les intercommunications sont de plus en plus intenses et de plus en plus nombreuses. Il y a un réseau inter-solidaire de plus en plus évident. Pourquoi sommes-nous dans l'âge de fer planétaire? C'est parce que, en dépit de cette solidarité, nous sommes à une époque où toutes les anciennes formes de barbarie demeurent ou ressuscitent. La torture qui avait été abolie au dix-neuvième siècle a réapparu en Europe. La barbarie déferle à nouveau sur les relations de race et de religion. Malheureusement, ces formes anciennes de barbarie se sont alliées avec des formes nouvelles de barbarie, qui sont de caractères techno-scientifique et techno-bureaucratique. Il y a la barbarie techno-scientifique d'Auschwitz qui est caractérisée non seulement par le massacre en série, ce qui a existé aussi en Union Soviétique, mais par le procédé industriel: chambre à gaz, récupération des sous-produits de l'extermination. C'est pour cela que nous sommes dans l'âge de fer planétaire. Je dis que l'âge de fer planétaire coïncide avec la préhistoire de l'esprit humain. Nous avons à peine développé les potentialités de notre esprit. Nous sommes incapables encore de concevoir la complexité du réel.

Q. Depuis que vous avez écrit, en 1981, *Pour sortir du vingtième siècle*, quelles sont "les révisions de l'an 2000" pour employer votre expression?

R. Depuis ce livre, il y a eu la Perestroïka et il y a eu la cause de la biosphère. Du reste, j'en ai parlé dans la préface de l'édition italienne de mon livre. Dans ce livre-là, j'étais extrêmement pessimiste en ce qui concerne l'URSS. Mais mon optimisme s'appuyait sur le pessimisme. La probabilité induit au pessimisme, mais l'improbabilité induit à l'optimisme. Tels événements importants de l'histoire, et particulièrement les événements heureux ont été improbables. A l'époque où j'écrivais, la probabilité était à l'accroissement du processus totalitaire dans le monde et non à sa crise. Or, la crise est venue du coeur, de la tête du système totalitaire, qui s'est orienté vers la

171

libéralisation. Nous sommes entrés dans une période d'oasis historique et nous reprenons espoir. Si la Perestroïka continue, le cours de l'histoire se redéfinira. Bien entendu, le processus n'est pas encore irréversible. Gorbatchev peut être renversé. Mais déjà la conjoncture s'est modifiée, et la tendance à la pacification des conflits peut l'emporter. L'hypothèse nouvelle d'une réforme profonde à l'Est est posée. Va-t-on vers la liquidation de l'hypothèque totalitaire?

La deuxième chose importante qui est apparue, c'est le problème écologique planétaire. Ceci, j'en étais conscient dans les années 72, puisque j'ai fait un article "L'an I de l'ère écologique", repris dans mon livre *Sociologie*, mais j'en étais beaucoup moins conscient quand j'ai écrit *Pour sortir du vingtième siècle*. Maintenant, je suis devenu de plus en plus convaincu que c'est par l'écologie qu'on arrivera à la première forme d'organisation planétaire solidaire et consciente. Je pense que le vrai problème provoqué par la déforestation, l'effet de serre, les trous d'ozone, etc. nécessitera une action, voire une institution. Aujourd'hui donc le problème écologique est à l'avant-garde des problèmes de l'humanité. Par conséquent, c'est aussi un problème qui permet d'avancer pour solidariser l'Europe.

Q. Dans votre livre *Penser l'Europe* *, vous avez fait un portrait émouvant de notre continent, en soulignant à la fois sa complexité, sa fragilité, mais aussi sa richesse et sa capacité de survie. L'Europe est-elle une prémonition du futur, une métaphore de notre fin de siècle?

R. Il faut d'abord poser de façon complexe ces notions: l'Europe, l'Occident, la Planète. Au départ, l'Occident représentait un petit bout de l'Europe et c'est de là qu'est partie la civilisation européenne. Aujourd'hui on peut dire que l'Europe est devenue un petit bout de

* Editions Gallimard, 1987.

l'Occident. L'Europe a commencé par dépasser ses propres frontières, artificielles du reste, comme l'Oural, pour s'étendre en Sibérie, en Turquie. Ce processus d'occidentalisation s'est déplacé dès le XVIème siècle vers l'Ouest, il a gagné les Amériques et aujourd'hui l'Extrême Orient japonais est devenu en même temps l'extrême Occident. Le monde s'est européanisé avec la diffusion de l'humanisme, de la science, de la technique, de la laïcité. Même l'Iran intégriste ne peut pas être entièrement expliqué par un retour aux valeurs islamiques et le refus de l'homogénéisation européenne. Il a emprunté à l'Europe l'idée de Nation et le recours aux techniques. Le problème des peuples colonisés est celui de l'identité culturelle qui a pris forme d'identité nationale, qui, elle, est une notion européenne. Les peuples colonisés n'ont pu se libérer qu'en adoptant la formule de l'Etat national qu'ils ont prise aux Européens.

On peut dire aussi que l'européanisation et l'occidentalisation du monde ont créé une situation où le monde se trouve imbibé d'occidentalisme et d'européanisme.

De quoi s'agit-il pour moi lorsque je parle de l'Europe? J'ai employé la métaphore de la chrysalide non programmée, donc différente de celle du papillon. Nous ne savons pas quelle sera la genèse de l'Europe future. Je crois qu'il ne suffit pas d'avoir une communauté de destins de fait. Il faut avoir conscience de cette communauté de destin. Cette communauté existe parce que l'Europe est, face aux grands espaces des autres continents, une région de micro-espaces qui comporte un nombre extrêmement grand de cultures très denses et très diverses. La plus grande richesse s'obtient quand la complexité et la diversité sont en interaction. C'est cela la richesse historique de l'Europe. Et de ces interactions se créent des hybrides eux aussi originaux, comme le sont les habitants des capitales nationales par rapport aux provinciaux. L'Europe aujourd'hui tend à perdre son visage de civilisation européenne parce que cette civilisation s'est répandue sur le monde. Ainsi l'essor de la civilisation technique née en Europe nous revient désormais des Etats-Unis et la technocratisation risque de dégrader les cultures régionales ou nationales qui sont restées assez fortes jusqu'à aujourd'hui. La science et la philosophie européennes se sont universalisées: la science européenne est aujourd'hui mondiale. Aujourd'hui, il ne peut plus y avoir un mouvement dans la peinture, la poésie strictement européennes. Mais je pense qu'il y aurait peut-être en Europe les conditions d'une nouvelle Renaissance. Ce qui me frappe dans le phénomène de l'Europe moderne, née avec la Renaissance, c'est la problématisation généralisée. Partout où il y avait des réponses au Moyen-Age, la Renaissance a posé des questions: Dieu est devenu problème. La nature est devenue problème, l'homme est devenu problème. La vérité est devenue problème. Toute oeuvre de la pensée européenne est un effort haletant et désespéré pour trouver des réponses à ces problèmes. Chacune de ces réponses a été aussitôt critiquée et dépassée par d'autres tentatives. Et au XXème siècle, nous comprenons de plus en plus qu'il est vain de chercher un fondement absolu, une clé d'Absolu, une certitude absolue. Nous sommes condamnés, comme dit Patocka, à une problématisation généralisée, source de la culture européenne. Patocka estime très justement que la problématisation constitue l'épicentre de la culture européenne. La problématisation est revenue d'abord au coeur de la philosophie, puis désormais au coeur de la science. Pendant longtemps, on s'est appuyé sur la certitude scientifique, on a pensé qu'elle apporterait des réponses à toutes les questions. On se rend compte aujourd'hui que toute connaissance scientifique révèle une nouvelle incertitude, un nouveau mystère. On se rend compte que nulle théorie scientifique n'est assurée d'être viable à jamais. C'est le résultat de toutes les épistémologies actuelles.

Si nous retournons à la problématisation, nous sommes aussi dans une époque d'ouverture possible, donc de Renaissance possible. Ce qui a fait l'Europe de la Renaissance, c'est la double ouverture: d'abord la découverte de l'Amérique qui a montré qu'il existait un autre monde, que l'Europe n'était pas au centre du monde mais faisait partie d'un monde beaucoup plus vaste. Ensuite la révolution copernicienne qui a révélé que la terre n'était plus au centre du monde. De la même manière, on découvre aujourd'hui un cosmos beaucoup plus vaste qu'on avait cru. On redécouvre aussi, d'une autre façon, l'Amérique, c'est-à-dire qu'on s'aperçoit qu'il existe d'autres civilisations qu'on avait méconnues ou méprisées, comme celle des Indiens d'Amazonie ou d'Amérique du Nord et on se rend compte aussi que les civilisations d'Extrême Orient possédaient des richesses que nous ignorons. Nous découvrons que notre culture est une culture de la hâte, de l'activisme, et pas suffisamment une culture de la méditation. Il existe donc aujourd'hui des conditions nouvelles d'ouverture qui permettent d'envisager les grandes questions de notre époque et cela d'autant plus que l'Europe est aujourd'hui dans une relative mise à l'écart du tourbillon du monde, puisque en définitive, l'Europe n'est plus le foyer de la puissance mondiale, qui se trouve désormais répartie aux Etats-Unis, en URSS, en Asie du Sud-Est, etc. Nous sommes devenus une province de l'ère planétaire et pas seulement une province pour servir de tourisme aux autres continents, plutôt une province comparable à Koenigsberg qui était loin des affaires et où Kant prenait le temps de la réflexion. J'estime que dans ce contexte, il y a une chance pour la culture européenne, mais ce n'est qu'une chance. Quant à l'européanisation du monde, j'ai été très sensible au cours des années au processus d'assimilation, aux Etats-Unis notamment, des diversités gastronomiques européennes. De petites choses comme le croissant, le pain Poilane, le beaujolais nouveau, le fromage font que, au-delà d'un certain snobisme, on voit les habitudes changer, la culture se raffiner. De même qu'il y a un processus d'américanisation hypervisible en Europe, il y a aussi un processus d'européanisation en Amérique. J'ai été aussi frappé dans ma visite aux *Cloisters* de New York, par cette présence de l'art médiéval au coeur de la ville. Et quand je pense à tout ce qu'il y a dans les bibliothèques et les musées américains, depuis les manuscrits jusqu'aux oeuvres d'art, j'ai pensé que tous les germes d'une renaissance possible de notre culture étaient là, et que nous pouvions sombrer. Je dis bien les germes, car je pense à l'événement qu'a été la conquête de la Grèce par les Romains. La conquête a été destructrice; il y a eu le sac de Corinthe et le saccage d'Athènes, les Romains ont tout fait pour détruire la Grèce, et malgré cela, quatre siècles plus tard, on a pu écrire que "La Grèce a vaincu son farouche vainqueur", on a pu constater la victoire du vaincu sur le vainqueur. A partir de quelques germes, la culture grecque a ressuscité et a envahi l'empire romain, qui est finalement devenu grec. Je ne fais pas ici une théorie, ni une philosophie historique. Mais c'est à cela que j'ai pensé lorsque j'ai écrit que l'Europe pouvait être détruite, mais qu'il en resterait assez ailleurs pour la faire revivre, autrement.

Ce que je crois surtout, c'est que l'Europe doit garder sa singularité. Il n'est pas dit qu'elle puisse la garder partout, car on ne peut pas préserver artificiellement une culture. Mais je crois qu'il faudrait vraiment sauvegarder la petite et moyenne propriété agricole, qui a encore des structures artisanales fortes, qui a perpétué la polyculture, qui a toujours pratiqué de multiples échanges entre villes et campagne. En Toscane, par exemple, les citadins n'ont jamais perdu la relation concrète avec la campagne, avec les gens de la campagne, demeurés très civilisés dans leurs communications constantes avec les villes. La Toscane est un exemple de province qui a beaucoup intégré l'influence américaine, le néon, les grandes surfaces, etc. et qui pourtant a gardé son identité. La question de la rencontre des cultures c'est: laquelle assimilera l'autre? La culture latine a assimilé la culture grecque, et la Toscane est un bon exemple d'assimilation réussie de l'américaine. En Andalousie, par contre, la situation est inversée, avec un exode massif des populations rurales qui fait que l'Andalousie risque de devenir une Californie artificielle. Je dirai que de toutes façons, une culture, comme un être humain, doit vouloir vivre, a le droit de vivre, et mérite de vivre, mais également doit savoir mourir. Je pense par conséquent qu'il faut stimuler les résistances de chacune des cultures européennes, tout en sachant qu'ont ne peut aider que ce qui s'aide soi-même. C'est là que se pose aussi la question des langues. L'Europe moderne, c'est-à-dire depuis le Moyen-Age, a été un marché culturel commun en dépit du développement des langues nationales.

Evidemment, il y avait la latin. Mais dès le dix-septième siècle, les langues nationales se sont imposées et on s'est mis à traduire les textes importants dans les différentes langues d'Europe : je parle des grandes langues de culture que sont l'espagnol, l'italien, l'anglais. Même à l'époque où se développaient les langues nationales comme langues de culture, il y a eu une langue hégémonique qui était le français. Le français était parlé à la cour de Russie, et cela n'a empêché ni Dostoievski ni Tolstoï. Autrement dit, le problème d'une langue hégémonique, qui est aujourd'hui l'anglais, ne porte pas sur l'essentiel d'une culture, car l'essentiel est la littérature et la communication interne. Il faut garder la distinction allemande classique entre le civilisationnel et le culturel: la civilisation est tout ce qui est traduisible, transmissible, tandis que la culture est ce qui reste spécifique, ethnique. Il est évident que le langage scientifique est un jargon qui a pour esperanto l'anglais, un anglais qui d'ailleurs n'a rien à voir avec celui des écrivains anglais ou américains. Il est évident que cet anglais-là est devenu une langue véhiculaire et il est inévitable que les scientifiques français l'utilisent s'ils veulent se faire reconnaître. Sur le plan linguistique, ce se sont pas des chefs d'oeuvre immortels! Par contre, les écrivains tiennent à s'exprimer dans leur langue. Même Ismaïl Kadaré, écrivain albanais génial, tient à écrire dans sa langue. Les langues vivent parce qu'elles sont d'abord un moyen d'expression littéraire et ensuite parce qu'elles servent à communiquer à la maison, en famille, à exprimer des sentiments, des habitudes de vie. Autrement dit, tant que les gens se servent de leur propre langue pour parler d'amitié, d'amour, d'art, l'essentiel est sauvegardé. Se servir d'une autre langue pour exprimer des concepts abstraits, ce n'est pas grave. Donc, une langue n'est menacée que lorsqu'elle a perdu du terrain comme langue de vie, comme langue d'expression profonde.

Mon point de vue sur le problème des langues, qui est assez largement partagé, c'est l'idée de polyglottisme. La Suisse peut nous servir d'exemple, puisque tout le monde y parle au moins trois langues. Cela va nous obliger à des sacrifices, notamment en ce concerne le latin, qui ne sera plus étudié que par les spécialistes, les universitaires. Mais nous devons faire des choix, et chaque Européen devra parler deux langues de l'Europe en plus de l'anglais. Nous avons déjà l'exemple des petits pays dont les langues sont minoritaires. Dès que les gens y sont amenés à communiquer, c'est-à-dire être soit intellectuels, soit commerçants, ils pratiquent quatre ou cinq langues. On peut citer les Scandinaves, les Hollandais, parfois les Balkaniques. A mon avis, le polyglottisme est une nécessité. Il est impossible d'être Européen et de rester enfermé dans une seule langue ou même deux. Il est impossible également que les langues nationales ne servent plus que dans la vie familiale et que la seule langue de culture soit l'anglais, car cet anglais n'existe pas. Il ne sert qu'à la communication la plus superficielle. Nous sommes évidemment exposés à des forces homogénéisantes très fortes qui tendent non seulement à homogénéiser nos moyens de communication, mais aussi notre style de vie. Cependant il y a aussi des forces de résistance qui s'éveillent et qu'il faudrait synergiser. Je suis convaincu que si l'Europe se fait, elle sera polyglotte et demeurera poly-culturelle.

Q. Dans votre ouvrage *L'Homme et la Mort*, qui est une étude à la fois sociologique et anthropologique du comportement des sociétés et des individus face à la mort, vous avez souvent évoqué les rites sacrificiels et la notion de sacrifice. Dans quelle mesure vos conclusions rejoignent-elles celles de René Girard?

R. Il est certain que le sacrifice est un objet essentiel de méditation anthropologique, car c'est l'une des institutions les plus universelles de l'humanité. Même là où ont cessé les sacrifices rituels bien cadrés, on retrouve toujours l'agneau sacrifié ou bien des boucs émissaires sous une forme barbare. On sacrifie soit celui qui doit porter en lui le mal, soit celui qui le chasse parce qu'il est pur. Le sacrifice est un *complexus*, un noeud gordien auquel se sont agglutinées des significations extrêmement différentes. Il y a plusieurs forces anthropologiques qui poussent vers l'idée du sacrifice. C'est un peu comme lorsqu'on fume, ou que l'on boit. On le fait pour des raisons différentes, voire opposées. On boit ou on fume lorsqu'on est en compagnie pour mieux communiquer avec les autres, ou bien lorsqu'on est seul, parce qu'on est trop seul. On boit par tristesse ou par joie. On boit pour vivre pleinement ou fuir la vie. Pour ce qui est du sacrifice rituel, je mets au premier plan les forces de renaissance. Je suis persuadé que se trouve au plus profond de nos inconscients la notion qu'une mort est féconde, et que la mort d'autrui protège d'une certaine façon de sa propre mort. Je serais donc en faveur d'une doctrine anthropologique complexe du sacrifice dans laquelle entrerait la théorie de Girard, plutôt que de réduire l'ensemble du problème à sa théorie. Je trouve que la théorie de Girard est riche et intéressante, mais qu'elle ne recouvre qu'un des aspects du sacrifice.

Q. Vous avez également beaucoup parlé des rapports qui existent, et ont apparemment toujours existé, entre le sexe et la mort. Peut-être est-ce l'occasion de se demander si le sida ne serait pas, comme l'a écrit Susan Sontag, une métaphore de notre époque?

R. J'étais parti de cette mise en évidence apparente de la biologie moderne sur les cellules qui seraient, en théorie, amortelles, dans la mesure où elles se trouvent dans un milieu biologique favorable. Par contraste, les êtres complexes sont beaucoup plus fragiles par rapport à la mort et la reproduction sexuée est le signe de cette complexité. Il y a donc effectivement un lien entre la mort comme fatalité biologique et le sexe. Le mythe de Tristan et Iseut, des expressions comme "la petite mort" pour désigner le plaisir que procure l'acte sexuel, tout cela montre que les hommes ont toujours perçu un rapport entre les deux. Mais ce n'est pas dans ce cadre que je placerais le sida, car il se rattache beaucoup plus à la mythologie du péché. Nous sommes dans une civilisation profondément marquée par le christianisme où la mort apparaît comme la punition du péché originel, lequel a un caractère sexuel. Dans le mythe chrétien, la relation sexe/mort s'est transformée en une relation acte de chair/acte de péché qui, par là même, porte en lui la mort. Ce n'est pas par hasard si dans la religion catholique la chasteté était un impératif de la vie spirituelle. Dans la religion protestante, il y a un sentiment très fort du péché qui n'est pas lié à l'acte sexuel dans la mesure où il est maintenu dans un cadre moral ou familial. Donc, la notion de péché est très forte, et dans la société américaine qui a été si longtemps puritaine et qui est brusquement passée à la permissivité, à la liberté sexuelle, l'arrivée quelques temps après du sida a pu apparaître dans l'inconscient collectif comme le châtiment de la transgression, en particulier lorsqu'elle concerne l'homosexualité. Cependant, l'image du sida change, elle va se métamorphoser, il est possible qu'on trouve un vaccin, que la grande peur du sida se dissolve comme ce fut le cas pour la syphilis. Il est possible aussi que le mal du sida apparaisse comme un mal de civilisation. On se rend compte que notre monde civilisationnel se fragilise. Il y a aussi évidemment un rapport direct entre le sida et la drogue. A mon avis, la tentation du gouffre, le comportement suicidaire se trouvent du côté de la drogue et de tous les comportements qui lui ressemblent comme l'alcoolisme, le tabac, etc. plutôt que du côté du sida.

Q. Vous employez souvent des adjectifs comme *aléatoire, fragile, imprévu* ou plutôt *imprévisible,* vous parlez aussi de *désenchantement.* Etes-vous un faux pessimiste?

R. Mon optimisme se fonde sur un pessimisme. Je pense que, d'après les probabilités, les choses doivent très mal se passer. Mais les événements ne se produisent pas de façon linéaire. Ils arrivent en zigzag, et c'est souvent l'improbable qui arrive. Le monde ne cesse d'être un générateur de surprises. On pensait que l'URSS était figée, et voilà qu'arrive Gorbatchev. On pense qu'il va réussir, mais peut-être échouera-t-il. Les surprises arrivent tous les jours, en Chine, en Pologne, en Amérique du Sud... Si nous savons nous attendre à la surprise, être prêts à la surprise, cela nous permet de réagir beaucoup plus vite. Il s'agit non seulement d'essayer de comprendre, mais d'avoir un dispositif mental qui permet d'intégrer le nouveau et l'inattendu. Nous savons que nous sommes dans Nuit et Brouillard, et que désormais il nous faut naviguer à vue. Mais le pire n'est pas sûr.

Pour ce qui est du désenchantement, on peut dire que la physique a désenchanté l'univers, dans le sens où elle l'a démythifié. Mais je pense aussi que la science a réenchanté l'univers. Même si elle doit être démentie, l'hypothèse du Big Bang qui nous dévoile un éclatement du vide, un monde qui est né dans le désordre, dans l'incertitude, les milliards de soleils, l'aventure inouïe de la vie sur la planète... tout cela fait que l'univers est réenchanté. Il n'y a plus de génies, ni d'elfes, ni de fées, mais il y a mieux: un très grand mystère.

Q. En conclusion, comment résumeriez-vous votre philosophie de l'existence?

R. Je dirais: le message de Bouddha, ou ce qu'il y a de meilleur dans le message du Christ: la compassion portée à toutes les souffrances, l'appel à la fraternité. Plus une société est complexe, plus elle risque de se désintégrer, plus elle a besoin de solidarité entre ses membres. Amitié, fraternité, amour: c'est mon mythe, c'est ma religion. J'inverse l'Evangile qui dit: "Aimez-vous, vous serez sauvés", pour dire "Aimons-nous, nous sommes perdus". Nous sommes perdus sur cette planète qui est minuscule mais qui est notre seul habitat, notre seul environnement.

Ma philosophie se fonde sur l'approfondissement des contradictions, non le rejet. J'aime Pascal parce qu'il concentre en lui les forces du scepticisme, de la rationalité, de la foi, de la science, de la philosophie. Il est le premier penseur moderne, parce qu'il a compris que Dieu ne pouvait absolument pas se prouver et que toute foi relevait d'un pari. Ce n'est pas seulement Dieu qui ne peut pas se prouver, c'est aussi le progrès, le Bien. Les valeurs auxquelles nous croyons ne peuvent se prouver. Nous devons faire des paris. Tout choix de valeurs est un pari, c'est pourquoi je suis très pascalien. Ce n'est pas le problème d'adhérer à une religion de salut qui se pose à moi, c'est le choix des valeurs. Je crois que nous devons tous avoir pitié de la misère humaine, pas seulement la misère matérielle, mais la misère psychique, morale, pitié pour nous-mêmes et pour autrui. C'est pourquoi j'ai une prédilection pour les écrivains russes, aussi bien le Pouchkine de *Boris Goudounov* que Dostoievski, les romans russes actuels comme *Vie et Destin* de Grossmann, ceux de Soljenitsine comme *Le Pavillon des cancéreux*, également *Migrations* de l'écrivain serbe Cernanski. Je suis attiré par la littérature qui intègre la tragédie historique qui s'abat sur les peuples, leur destin collectif et la vie individuelle, l'amour. Ils expriment la tragédie de l'histoire, la tragédie de la vie, le sens du mystère, la pitié pour ce qui vit, le besoin de l'amour.

Paris, juin 1989.